Валерия Хачатурян
Михаэль Санилевич

Человек в меняющемся мире

Образовательный курс

Хачатурян Валерия, Санилевич Михаэль.
Человек в меняющемся мире. Образовательный курс. – 2016. – 176 с.
Напечатано в Израиле.

Khachaturian Valeria, Sanilevich Michael
A Man in a Changing World: Educational Course. – 2016. – 176 pages.
Printed in Israel.

XXI век – это реальность, где естественным образом сочетаются всеобщая взаимосвязь и эгоистическое отторжение. Единственный выход из этого противостояния – изменение системы взаимоотношений между нами.

Для этого необходимо ввести повсеместное интегральное образование и воспитание с целью изменения общественных ценностей.

Всю систему интегральных знаний можно условно разделить на три сферы: природа, человечество внутри природы и человек внутри общества. Главным итогом интегрального образования и воспитания станет начало построения новой личности человека – Человека Интегрального.

Перед вами – особый образовательный курс. Цели курса – объяснить характер революционных изменений, которые переживает сейчас человечество, и обучить каждого жить в новом глобальном, взаимосвязанном мире.

Общественное движение АРВУТ (Взаимное поручительство)
www.arvut.org/ru
при поддержке Открытого телеканала
www.opentv.tv

ISBN 978-965-7577-67-7
DANACODE 760-112

© В. Хачатурян, М. Санилевич, 2016.

ОБ АВТОРАХ

Валерия Хачатурян – кандидат филологических наук, доктор культурологии, ведущий научный сотрудник Российского института культурологии до 2013 г.

С 2004 по 2011 гг. ведущий научный сотрудник, зав. Центром теории и сравнительной истории цивилизаций Института всеобщей истории РАН.

Автор монографий «Теория цивилизаций от античности до конца XIX века» (в соавторстве) и «Вторая жизнь» архаики: архаизующие тенденции в цивилизационном процессе», учебника для старших классов общеобразовательной школы «История мировых цивилизаций», а также более 70 статей.

Михаэль Санилевич – бакалавр педагогических наук. Преподаватель и лектор с двадцатилетним стажем. Разработчик курсов дистанционного обучения. Десять лет педагогического стажа в Колледже высшего командного состава израильской полиции.

Исполнительный директор международной некоммерческой организации «Бней Барух. Каббала ле Ам». Автор книг по интегральному воспитанию и каббале: «Наука каббала. Базовый курс», «Построение интегрального общества». Редактор книг: «В поисках счастья», «Путешествие с каббалистом по Израилю», «Главный секрет евреев», «Путешествие в душу человека». Ведущий телепрограмм на 66 канале израильского ТВ и «Открытый телеканал».

ОГЛАВЛЕНИЕ

ОБ АВТОРАХ 3

ВСТУПЛЕНИЕ 7

**ЧАСТЬ 1. СОВРЕМЕННЫЙ МИР: НА ПУТИ
К ИНТЕГРАЛЬНОМУ ОБЩЕСТВУ** 9

УРОК 1. Человек в эпоху глобальной интеграции 10
    1.1. Время перемен: как выжить в нестабильном обществе? 10
    1.2. Глобальная интеграция и ее последствия 13
    1.3. Правила жизни в мире, где все связаны со всеми 17
    Подведем итоги 23
    Вопросы к пройденному материалу 24
    Темы для обсуждения 24

УРОК 2. Взаимосогласованность в природе 25
    2.1. Невидимые связи 26
    2.2. Альтруизм, эгоизм и равновесие в Природе 30
    2.3. Альтруизм и эволюция 34
    2.4. Глобализация на фоне эволюции Природы 37
    Подведем итоги 39
    Вопросы к пройденному материалу 40
    Темы для обсуждения 40

УРОК 3. Истоки глобального кризиса 41
    3.1. Кризис современного общества 42
    3.2. Человек и природа: глобальный экологический кризис 47
    3.3. Причины кризиса 51
    Подведем итоги 54
    Вопросы к пройденному материалу 55
    Темы для обсуждения 55

УРОК 4. Особенности человеческого эгоизма 56
    4.1. Эгоизм без границ 56
    4.2. Всемирная история желаний 59
    4.3. Альтруизм или ловко замаскированный эгоизм? 63
    4.4. Солидарность в разделенном обществе 66

4.5. Зачем нужен эгоизм? 68
Подведем итоги 70
Вопросы к пройденному материалу 70
Темы для обсуждения 71

УРОК 5. Возможно ли построение интегрального общества? 72
5.1. Эгоистическое «общественное животное» 73
5.2. Задатки к интегральности 77
5.3. Особенности интегрального общества 80
5.4. Путь к интегральности в эпоху «электронного разума» 83
Подведем итоги 86
Вопросы к пройденному материалу 87
Темы для обсуждения 87

УРОК 6. Общество и общность: выбор окружения 88
6.1. Из чего состоит наша индивидуальность? 88
6.2. Мы – конформисты 95
6.3. Как создать новое общество? 100
Подведем итоги 104
Вопросы к пройденному материалу 104
Темы для обсуждения 105

ЧАСТЬ 2. ПОВСЕДНЕВНАЯ ЖИЗНЬ В ИНТЕГРАЛЬНОМ ИЗМЕРЕНИИ 107

УРОК 7. Здоровье и болезнь: интегральный подход 108
7.1. Наше здоровье и медицина в эгоистическом обществе 109
7.2. Организм человека как система: главные компоненты здоровья 115
7.3. Болезни эгоизма: интегральный подход 121
Подведем итоги 125
Вопросы к пройденному материалу 126
Темы для обсуждения 126

УРОК 8. Семья как интегральная система 127
8.1. Современная семья – вызовы XXI века 127
8.2. Семья гибнет? 131
8.3. Любовь и отношения в семье 134
8.4. Интегральная семья 138

Подведём итоги 140
Вопросы к пройденному материалу 140
Темы для обсуждения 141

УРОК 9. Сфера труда 142
9.1. Труд в начале XXI века 143
9.2. Конец «трудового общества» и
«расточительной экономики» 149
9.3. Интегральная экономика 153
Подведём итоги 156
Вопросы к пройденному материалу 157
Темы для обсуждения 157

ЗАКЛЮЧЕНИЕ 159

ПРИЛОЖЕНИЕ 161

Методика интегрального воспитания 162
1. Мир готов к переменам: как изменить восприятие? 162
2. Практические инструменты Методики интегрального воспитания 164

ВСТУПЛЕНИЕ

Дорогие читатели!
Перед вами лежит очень необычный учебник. Он посвящен не какому-то отдельному предмету – физике, истории или биологии, как мы привыкли со школьных лет. Цели этого учебника – объяснить характер революционных изменений, которые переживает сейчас человечество, и подготовить вас к жизни в новом, глобальном, взаимосвязанном мире. Сейчас, в начале XXI века, стало очевидно, что мир быстро и необратимо меняется на наших глазах, и прежняя жизнь с ее привычными порядками, завершается. На смену старому обществу должно прийти новое, построенное на иных основаниях.

Учебник адресован всем: молодому поколению и взрослым, бизнесменам и безработным, студентам и домохозяйкам, людям любой национальности и вероисповедания. Различия не имеют никакого значения. Ведь всем нам предстоит пережить трудные времена глобальных сдвигов в обществе, в культуре и человеке. И все мы хотим одного: твердой уверенности в завтрашнем дне, благополучия в семье и на работе, здоровья, мира. Иными словами, все мы хотим быть счастливыми.

Но современного человека вряд ли можно назвать счастливым, в какой бы стране он ни жил – бедной и отсталой или богатой и передовой, какое бы положение он ни занимал в обществе: будущее внушает ему страх, а настоящее – тревожно, неопределенно, нестабильно.

На самом деле не все так плохо, как может показаться. Впереди нас ожидает очень хорошее будущее – таков ход истории, и у нас есть уникальная возможность самим участвовать в этом процессе и оказывать влияние на него. Однако для того, чтобы это будущее состоялось и стало реальным без грандиозных потрясений, чтобы оно превратилось в наше настоящее естественно и легко, нужно понять, что именно от нас требуется, что необходимо изменить.

Это очень важно: ведь старое, каким бы оно ни было плохим, привлекает нас тем, что оно привычно. А все новое вызывает опасения прежде всего потому, что таит в себе неизвестность. Этим вопросам и посвящен учебник. Читая его и занимаясь на семинарах, вы постепенно раскроете законы зарождающегося нового мира, который мы назвали интегральным, научитесь применять их в жизни и таким образом вольетесь в поток истории, будете «плыть по течению», а не против него. И создавать вокруг себя особое пространство, которое находится уже не только в настоящем, но отчасти и в будущем.

Учебник состоит из двух частей. В первой – «Современный мир: на пути к интегральному обществу» – мы постараемся объяснить скрытый смысл и направленность происходящих трансформаций, или, проще говоря, ответим на вопрос: «Куда идет история?». И, конечно, расскажем о том, что такое интегральность, в чем состоят особенности интегрального общества и как это общество создать.

Вторая часть «Повседневная жизнь в интегральном измерении» посвящена самым главным, самым острым проблемам, которые волнуют каждого: здоровью, семье, работе. Из этих компонентов складывается наша повседневная жизнь. Вы узнаете, что эту сферу можно преобразовать и значительно усовершенствовать уже сейчас, применив на практике правила интегрального мира.

В Приложении изложена методика воспитания интегрального общества и даны ее практические инструменты.

ЧАСТЬ 1

СОВРЕМЕННЫЙ МИР: НА ПУТИ К ИНТЕГРАЛЬНОМУ ОБЩЕСТВУ

УРОК 1.
ЧЕЛОВЕК В ЭПОХУ ГЛОБАЛЬНОЙ ИНТЕГРАЦИИ

1.1. Время перемен: как выжить в нестабильном обществе?
1.2. Глобальная интеграция и ее последствия
1.3. Правила жизни в мире, где все связаны со всеми
Подведем итоги
Вопросы к пройденному материалу
Темы для обсуждения

С каждым днем нам стало все труднее приспосабливаться к бурным переменам, которые вторгаются в наше «личное пространство», причем часто далеко не самым приятным образом. И все труднее ориентироваться в потоках информации, которая рассказывает о самых разных событиях, но не дает истинного представления о том, что же именно происходит. Многим людям непонятно, как следует себя вести, каких правил придерживаться, чего ждать от будущего. В такой неопределенной сложной ситуации перед обществом и каждым отдельным человеком остро встает вопрос о том, как жить дальше. Именно об этом мы и поговорим на первом занятии.

1.1. ВРЕМЯ ПЕРЕМЕН: КАК ВЫЖИТЬ В НЕСТАБИЛЬНОМ ОБЩЕСТВЕ?

НАШИ ЖИЗНЕННЫЕ СТРАТЕГИИ

Разумеется, большинство не хочет ничего менять и предпочитает жить по-прежнему, пассивно дожидаясь лучших времен. Но значительное число людей пытается найти новые решения. Чаще всего это происходит стихийно и неосознанно, под давлением обстоятельств и под влиянием господствующих стереотипов – например, культа денег, потребления, карьерного роста. Поэтому такие попытки нередко ведут к плачевным итогам.

Наиболее распространенными жизненными стратегиями являются:
- ***стремление «адаптироваться любой ценой».*** Оно побуждает человека менять место работы или учебы, осваивать престижные на сегодняшний день профессии, независимо от того, есть ли у него к этому склонности и способности;
- ***стратегия «игрока»****,* который рассчитывает на везение, счастливую случайность, быстрый крупный выигрыш. Люди такого типа вкладывают деньги в сомнительные аферы, играют на бирже или в казино, хотя успех отнюдь не гарантирован. Напротив, «игрок» может потерять все;
- ***«криминализация»***: вполне законопослушные граждане, которые пытаются решить свои материальные проблемы или одержимы жаждой обогащения, вовлекаются в «теневые» и криминальные структуры, охватившие в последнее время весь мир;
- ***попытки «бегства» от общества.*** Люди, выбирающие эту стратегию, обычно критически относятся к обществу или просто не могут занять в нем подобающее место, а потому стремятся максимально изолироваться от внешнего мира и всех проблем. Эта задача решается разными способами. Например, в наши дни и на Западе, и в России растет число людей, которые не желают работать и живут на дивиденды или на скудное пособие по безработице, мирясь с бедностью. А самыми крайними формами «бегства» являются алкоголизм и наркомания.

Все перечисленные стратегии неконструктивны, а некоторые разрушительны и для общества, и для самого человека и его близких. Но главное – ни одна из них не помогает избежать кризисов и катастроф, изменить жизнь к лучшему и обеспечить желаемое будущее. Ведь все это зависит не только от «объективных обстоятельств», политики правительства и т.д., но и от каждого из нас, причем в гораздо большей степени, чем принято думать.

МОЖЕМ ЛИ МЫ ТВОРИТЬ ИСТОРИЮ?

С точки зрения современных ученых, в кризисные, переломные моменты общество, утрачивая стабильность, становится крайне чувствительным к незначительным на первый взгляд изменениям, небольшим отклонениям от нормы, влияниям извне. Поэтому многое зависит от поведения, идеалов и жизненных целей, представлений о будущем отдельных людей – все это и создает мелкие, но очень важные для истории трансформации. Деятельность каждого из нас способна сыграть решающую роль в дальнейшем ходе событий: мы можем «помогать» будущему, работать на него, ускорять его приближение, облегчая процесс перехода к новому обществу. Или, наоборот, воздвигать препятствия на пути истории, усиливать остроту кризисов, повышать уровень неблагополучия в обществе.

Некоторые исследователи считают, что мир меняется, если всего 10% населения вводят в свою повседневную жизнь какие-либо новые идеи, верования, модели поведения[1].

Выбор жизненного пути имеет, таким образом, поистине историческое значение. Однако то, что на сегодняшний день кажется нам верным, выгодным и единственно возможным, с точки зрения ближайшего и отдаленного будущего может оказаться совершенно бессмысленным и даже вредным. Как же найти правильную позицию, которая позволила бы нам не только выжить в современном неспокойном мире, но и содействовать его преобразованию?

Для этого прежде всего необходимо понять суть происходящего, разобраться в том, что именно погибает и что рождается, почему прежнее устроение общества уже не оправдывает себя и какие нужны перемены, чтобы наша цивилизация стала жизнеспособной.

---

[1] Исследователи из Политехнического института Ренсселира (США) использовали вычислительный и аналитические методы, чтобы определить тот решающий момент, когда убеждения меньшинства становятся мнением большинства. Результаты исследования были опубликованы в 2011 году на сайте журнала Physical Review E в статье под названием «Единодушие в обществе, созданное под влиянием убежденного в своих взглядах меньшинства». http://psyfactor.org/news/sciense54.htm

1.2. ГЛОБАЛЬНАЯ ИНТЕГРАЦИЯ И ЕЕ ПОСЛЕДСТВИЯ

СОВРЕМЕННЫЙ МИР – ЕДИНАЯ СИСТЕМА

Слова «взаимосвязь», «взаимодействие», «взаимовлияние», «интеграция» стали ключевыми для нашей эпохи. Они обозначают важнейшие процессы, происходящие в мире: сейчас все страны и все население Земли становятся элементами одной большой системы. Эти процессы называют также глобализацией.

Система – целое, состоящее из множества элементов, которые находятся в определенных отношениях и связаны друг с другом.

Интеграция (от лат. *integrum* – целое; лат. *integratio* – восстановление, восполнение) – процесс взаимного сближения, объединения, взаимопроникновения каких-либо элементов (частей) и образования взаимосвязей между ними.

На протяжении тысячелетий многочисленные народы, создававшие свои государства и цивилизации, вели относительно самостоятельное, автономное существование. Торговые связи и культурные контакты, конечно, были и играли значительную роль в развитии человечества. Но любое общество в принципе могло существовать и без тесных связей даже со своими соседями, не говоря уже об отдаленных странах.

Перемещения людей, товаров, технических достижений на большие расстояния занимало много времени – месяцы, а иногда и годы. Распространение новшеств растягивалось на десятилетия и даже столетия. Целые континенты – Америка, Австралия – находились в полной изоляции, и об их существовании долгое время не знали. Даже в XVI–XVIII вв. средний европеец, например, имел крайне скудные и часто фантастические представления о России, Китае, Индии.

Научно-технические достижения XX столетия полностью изменили эту ситуацию:
- благодаря совершенствованию **транспортной системы** мы можем достичь любой точки земного шара максимум за сутки. Новые средства связи: телефон, радио, телевидение, интернет – дают возможность в режиме он-лайн узнать о событиях, происходящих во всем мире, получить подробные сведения о новейших открытиях, о культуре и образе жизни других народов, установить контакты с людьми, живущими в другом полушарии;
- на новый уровень, несопоставимый с прежним, вышла **экономическая интеграция**. Мировое хозяйство превращается, по существу, в **единый экономический организм**. Его «элементы» – экономики отдельных стран – все больше соединяются друг с другом тесными нерасторжимыми узами. Ведущую роль теперь играют глобальные финансовые и торговые рынки, международные рынки рабочей силы, гигантские производственные линии, пересекающие границы государств. В наши дни всем национальным экономикам приходится приспосабливаться к жизни в мировом экономическом пространстве;
- в международной политике все большее значение приобретают **наднациональные правительственные и неправительственные организации**, в которые входят представители всех стран или по крайней мере значительной их части («большая двадцатка», «большая десятка», ЮНЕСКО, ООН, Гринпис). Такие организации играют важную роль в решении сложных мировых проблем и пытаются разрабатывать новые стратегии развития для всего человечества;
- связи между различными странами и народами усиливаются благодаря **миграциям**.

Цифры и факты

Только по официальным данным, более 170 миллионов людей в наши дни являются иммигрантами. И это происходит пра-

ктически везде, во всех регионах мира. *В городах Северной Америки, Европы, России бок о бок с коренными европейцами, американцами, русскими живут выходцы из Китая, Индии, Юго-Восточной Азии, Латинской Америки, арабских стран. Иммигранты приносят с собой свою культуру и религию, свои обычаи, одежду, кухню. Такая же ситуация складывается и на Востоке. В Гонконге число иммигрантов увеличилось до 60% от общей численности населения. В городах Африки живут большие общины арабских, индийских, немецких и греческих иммигрантов.*

Результаты возрастающих взаимосвязей отчетливо проявляются в повседневной жизни современного человека. Бытовая техника, автомобили, одежда, утварь, мебель, продукты питания – большая часть того, чем мы привыкли пользоваться, произведено в самых разных уголках света: от Японии и Китая до ЮАР или Аргентины.

На улицах, в магазинах, на работе мы все чаще и чаще сталкиваемся с представителями других культур и цивилизаций, и нам приходится преодолевать различия и учиться взаимодействовать с ними, вести диалог, стараться понять их, независимо от нашего желания или нежелания вступать в контакт с «чужаками».

«Мир становится все более и более целостным, каждая часть мира все более и более входит в мир, и мир в целом все более и более представлен в каждой из своих частей».

(Э. Морен, современный французский философ)

МИР СТАНОВИТСЯ ТЕСНЫМ

Хотя на Земле живет более 6 миллиардов человек, мир тесен и взаимосвязан.

Каждый из нас отделен от другого только шестью людьми. Это открытие сделал еще в 1967 г. социолог из Гарвардского университета Стенли Милгрэм, который провел необычный эксперимент. Случайно выбранным людям из разных городов США было разослано 60 писем. Они должны были переслать эти письма своим знакомым, чтобы в конце концов их получил некий неизвестный всем человек, живущий в Бостоне. Большинство писем дошло до назначения, хотя адреса не было, и каждое письмо опускали в почтовый ящик в среднем 5,5 раз. Через некоторое время эксперимент провели еще раз, уже на международном уровне, с электронными письмами. Результат оказался таким же. Любой человек, где бы он ни жил, связан с любым другим цепочкой всего из шести знакомых.

ВСЕОБЩАЯ ВЗАИМОЗАВИСИМОСТЬ

Закономерным следствием возрастающей интеграции является беспрецедентное усиление взаимозависимости, какого в истории человечества еще никогда не было. Этот процесс считается главной тенденцией нашего времени и с каждым годом проявляется все заметнее практически во всех областях жизни. И особенно в экстраординарных ситуациях, когда вспыхивают войны, начинаются экономические кризисы или происходят катастрофы. Неважно, в какой точке земного шара это случается – вопрос «А как это скажется на нас?» возникает у всех.

Взаимозависимость – связь, в которой ни одна из сторон не может обойтись без другой и все стороны оказывают воздействие друг на друга.

Разные виды взаимозависимости между странами дополняются еще одной: **общей зависимостью всего человечества от природы.** Несмотря на огромные достижения научно-технического прогресса, природа очень наглядно и убедительно, чаще всего с трагическими для нас последствиями, демонстрирует свою власть над человеком.

Отношения человека с окружающей средой никогда не были совершенными. Даже в глубокой древности люди выжигали большие массивы леса, истребляли целые виды животных, истощали почву. Но эти бедствия имели локальный характер и ограниченные последствия, они не несли угрозу для всей биосферы и для существования всего человечества, как это происходит сейчас. В XX в. технические средства и стремление «победить» природу и поставить ее себе на службу увеличились настолько, что возможным стало буквально все, даже изменение погоды или генетического кода. Воздействие человека на природу возросло неизмеримо, но одновременно возросла и возможность наносить ей вред: истощать ее ресурсы, грубо вмешиваться в очень сложные, до конца не познанные природные процессы, от которых зависит жизнь на Земле. В результате мы страдаем от многочисленных стихийных бедствий, глобального потепления, нехватки полезных ископаемых, загрязнения.

«В эпоху развитой цивилизации, которая пришла, чтобы… дать людям свободу выбора, избавить их от зависимости от природы, возникает новая, глобальная, охватывающая весь мир зависимость от рисков, перед лицом которой индивидуальные возможности выбора не имеют силы хотя бы уже потому, что вредные и ядовитые вещества в индустриальном мире вплетены в элементарный процесс жизни».

(У. Бек «Общество риска»)

Человечество, вступая в сложный мир всеобщих взаимосвязей и взаимозависимостей, пока еще очень плохо представляет себе, каковы законы этого мира. Мы действуем наугад, почти вслепую, методом проб и ошибок и часто получаем горький опыт. Однако этот опыт дает возможность сделать некоторые важные выводы и уяснить ряд правил, которые диктует нам новая эпоха.

1.3. ПРАВИЛА ЖИЗНИ В МИРЕ, ГДЕ ВСЕ СВЯЗАНЫ СО ВСЕМИ

Правило № 1. Быть полностью самостоятельным невозможно

Взаимосвязи в современном мире стали настолько тесными, что разорвать их и «самоизолироваться», воздвигнуть стену между своей страной и внешним миром не удается. Одни страны сохраняют больше автономности, другие – меньше, но ни одна не является полностью самостоятельной.

Рассмотрим это правило на примере экономики. Сейчас практически все страны мира экономически зависимы друг от друга. Они заинтересованы в экспорте (это важная статья доходов) и вместе с тем нуждаются в импорте. В том числе в полезных ископаемых, которые очень неравномерно распределены по планете. Нет ни одной страны, которая могла бы обеспечить себя всем необходимым для развития промышленности. Самые обычные вещи состоят из материалов, которые привозят из разных концов света. *Если раньше внешнеэкономические связи в основном были лишь дополнением к национальной экономике, то теперь они встроены в хозяйственную жизнь любой страны, то есть обойтись без них невозможно.*

Цифры и факты

ОБРАТНЫЕ СВЯЗИ В ЭКОНОМИКЕ

Хорошо известно, что развивающиеся страны всегда зависели и зависят теперь от промышленно развитых западных стран.

На самом деле и Запад, еще недавно гордившийся своей экономической самостоятельностью, становится все более зависимым от «третьего мира». И не только потому, что оттуда поставляется сырье, энергоресурсы и потребительские товары (США, например, импортируют из развивающихся стран 80% топлива, 25% промышленных товаров и более 50% потребительских товаров). Помимо этого развивающиеся страны – огромный рынок для экспорта. Это означает, что экономические кризисы и спады, происходящие там, болезненно сказываются на развитых странах: сокращается объем экспорта, уменьшается число рабочих мест. Так, в США во время спада 1981-1982 гг. объем экспорта в развивающиеся страны сократился на 24 миллиарда долларов, и за каждым миллиардом стояло более 25 тысяч рабочих мест. *По мнению экспертов, обратная экономическая зависимость будет нарастать.*

Правительства и даже частные лица, владельцы банков или промышленных предприятий вынуждены учитывать не только потребности и пожелания своих непосредственных партнеров. Им приходится принимать во внимание многое другое: мировую конкуренцию, мировой спрос и предложение, деятельность транснациональных корпораций, решения Всемирного валютного фонда, Мирового банка и т.д. Лишь немногие страны, такие, как Китай, например, могут позволить себе относительно независимую валютную политику и претендовать на экономическую самодостаточность. Однако и в этом случае самостоятельность в действительности не столь уж велика. Нетрудно догадаться, что произойдет с экономикой Китая, если все страны закроют свои рынки для огромной массы дешевых китайских товаров.

Правило № 2. То, что происходит в одной точке планеты, может затронуть всех

Всеобщие взаимосвязи и взаимозависимости делают нас уязвимыми. Локальное и планетарное все труднее разделить. И ни одно государство не в состоянии полностью защитить свое население от неблагоприятных внешних воздействий.

Невозможно защититься от вирусов, кислотных дождей, ураганов, радиоактивных облаков или радиоактивных отходов, попавших в океан, где бы они ни появились, так как государственные границы их не останавливают. Финансовые кризисы, которые быстро становятся глобальными, внезапные изменения конъюнктуры на мировом рынке, открытие новых месторождений нефти или газа в другом полушарии – все это в наше время может нанести серьезный удар по любой национальной экономике или, наоборот, улучшить ее положение. Локальные военные конфликты теперь стало все труднее удерживать в рамках государственных границ. Они влияют на другие страны, затрагивают их интересы, отражаются на состоянии мирового сообщества в целом.

Наше благополучие и сама жизнь зависят теперь не только от нас самих и политики нашего государства, но и от того, что случается в далеких странах. Поэтому ученые часто сравнивают современный мир с паутиной или сетью: камень, брошенный в любое место, вызовет волнение по всему ее пространству.

Правило № 3. В одиночку не справиться

Действительно, ни одна, даже самая богатая, могущественная, вооруженная передовыми технологиями, страна не может самостоятельно решить на своей отдельно взятой территории те проблемы, которые являются глобальными, общими для всего человечества и каждого человека. А таких проблем (о них мы расскажем позже) очень много. И все они требуют объединенных усилий и договоренностей всего мирового сообщества.

Глобальные проблемы – совокупность взаимосвязанных жизненно важных проблем, от решения которых зависит существование человечества в целом и каждого отдельного человека в любой точке земного шара.

Таким образом, современные государства поставлены перед необходимостью, хотят они этого или нет, действовать сообща.

Правило № 4. Наши действия могут привести к непредсказуемым результатам

Миллиарды людей, живущих на планете, каждый день совершают множество различных действий, совершенно не задумываясь об их последствиях, но во взаимосвязанном мире даже незначительные действия часто имеют неожиданные эффекты – результаты, полностью противоположные нашим ожиданиям и катастрофические по силе. Причем эти эффекты могут проявиться совсем в другом месте и не сразу, а спустя много лет.

Эффект бабочки – незначительные изменения в одной точке земного шара производят в особых обстоятельствах несоразмерно большие изменения в другом месте и в другое время.

В прошлом веке в Арктике, на Шпицбергене, неожиданно стали вымирать белые полярные медведи, хотя они находились под охраной и популяцию старались сохранить. Оказалось, что виной тому было незначительное на первый взгляд нарушение правил экологической безопасности в Америке. Одно предприятие, находившееся на берегу Миссисипи, в очень малых количествах сбрасывало в воду токсическое вещество бифенил, которое влияет на рождаемость. Это вещество накапливалось в планктоне, которым питались рачки, а ими, в свою очередь, рыбы и т.д., причем концентрация вещества постоянно возрастала. В конце длинной пищевой цепочки оказались белые медведи.

Эффект домино – какое-либо незначительное изменение влечет за собой ряд других, сила которых увеличивается по нарастающей.

Рассмотрим в качестве примера трагическую судьбу Аральского моря. В 1960 г. советское правительство решило расширить производство хлопка в районе Арала и начало строить ирригационные сооружения в долине реки, впадающей в море. Эти, казалось бы, вполне разумные действия вызвали целую цепочку трагических событий. Уровень моря снизился почти на 1/3, а его площадь сократилась в два раза. Рыболовецкие хозяйства оказались далеко от воды, и тысячи людей остались без работы. Истощение водных ресурсов привело к засаливанию почвы и заражению ее пестицидами. Стало резко ухудшаться состояние здоровья населения. Произошли необратимые изменения климата: увеличилось количество снежных осадков, летняя температура выросла, начались засухи и опустынивание. И производство хлопка, которое так стремились повысить, резко пошло на спад.

Похожая ситуация имела место и в Америке. Фермеры стали применять химические удобрения – гербициды, щедро разбрасывая их на лугах. Это погубило ивняки, которые служили пищей бобрам. Бобры ушли с реки, где высокий уровень воды поддерживался плотинами, выстроенными этими животными. Плотины постепенно разрушались, река обмелела, рыба погибла. А в довершение всех бед понизился уровень грунтовых вод, и богатые пойменные луга, из-за которых все и началось, подсохли и потеряли всякую ценность.

Правило № 5. Виноватых много – наказаны будут все

Чем больше возрастают взаимосвязи и взаимозависимости, тем труднее найти какого-то одного конкретного виновника бед. Кто именно повинен в заражении почвы пестицидами? Фермеры, которые используют химические удобрения? Рекламные агентства, которые расхваливают этот вредный товар? Компании, которые производят удобрения? Ученые, которые их создают? Организации, которые выдают патенты и лицензии?

Рассмотрим другой пример: «расползание» ядерного оружия. Кто несет ответственность за эту ситуацию, угрожающую жизни на планете? Страны, которые его покупают? Или международные торговцы оружием? Или те люди, которые обязаны это оружие охранять и не допускать утечки? А может быть, страны, через которые транзитом идет опасный груз?

Ответить на эти вопросы невозможно, потому что очень многие являются в большей или меньшей степени, прямо или косвенно, соучастниками преступления. Но, к сожалению, на сегодняшний день результатом всеобщего соучастия в основном является всеобщая безответственность. «Каждый является причиной и следствием и тем самым не является причиной. Причины растворяются во всеобщей взаимозависимости… продолжительное время можно что-то делать, не неся персональной ответственности», – писал У. Бек.

Однако это вовсе не означает, что можно уклониться от наказания. И оно будет исходить не только от правоохранительных органов, как мы привыкли, но и от самого «сетевого», вза-

имосвязанного мира. Считается, что в последнее время очень отчетливо проявляется эффект бумеранга.

Эффект бумеранга – содеянное зло раньше или позже само собой возвращается и наносит удар по тем, кто его совершает или извлекает из него выгоду.

Проблема в том, что при этом страдают не только главные виновники, но и те, кто виноват лишь косвенно или вообще не виноват.

Так, ядерное оружие, которым активно торгуют некоторые страны, подвергает риску любого человека на планете.

Беспощадная глобальная конкуренция наносит удар по бедным странам, делая их еще беднее, а в результате над всем миром нависла угроза глобального социального хаоса.

Богатые страны часто перемещают свои «грязные» предприятия в развивающиеся страны: это кажется более выгодным, чем тратить большие деньги и делать их экологически чистыми. Но спустя некоторое время нанесенный ущерб возвращается в виде тропических фруктов и овощей, отравленных свинцом и пестицидами. И эти продукты попадают на стол не только к владельцам предприятий, но и к другим людям.

ПОДВЕДЕМ ИТОГИ

Какие же выводы мы можем сделать? Они напрашиваются сами собой. Для того, чтобы жить благополучно в «тесном», взаимосвязанном мире, необходима очень высокая степень солидарности, взаимосогласованности действий, взаимной ответственности. Принимая любые решения, необходимо учитывать интересы всех и просчитывать все возможные последствия.

Именно эти принципы должны стать главными для каждого человека и всех стран мира. Только тогда всеобщие тесные взаимосвязи и взаимозависимости раскроют перед человечеством огромные, неисчерпаемые возможности, то есть правила, которые мы перечислили, будут «работать на позитив». В противном случае они принесут лишь отрицательные последствия, что и происходит сейчас.

Но почему мы не можем добиться солидарности? И как это сделать? Эти вопросы мы обсудим в следующих параграфах.

ВОПРОСЫ К ПРОЙДЕННОМУ МАТЕРИАЛУ

1. В чем вы видите недостатки общепринятых жизненных стратегий, которые перечислены в параграфе: а) с точки зрения интересов человека, б) с точки зрения интересов общества?
2. В каких сферах жизни общества наиболее зримо проявляется глобальная интеграция?
3. Каковы результаты глобальной взаимосвязи и взаимозависимости?
4. Что, с вашей точки зрения, мешает современным людям действовать в соответствии с новыми правилами глобального интегрированного мира? В чем эти правила расходятся с теми нормами поведения, к которым мы привыкли?

ТЕМЫ ДЛЯ ОБСУЖДЕНИЯ

- Как связана жизнь каждого из нас с судьбой всего человечества?
- Можно ли использовать глобальную взаимозависимость так, чтобы она шла на благо человечества?

УРОК 2. ВЗАИМОСОГЛАСОВАННОСТЬ В ПРИРОДЕ

2.1. Невидимые связи
2.2. Альтруизм, эгоизм и равновесие в Природе
2.3. Альтруизм и эволюция
2.4. Глобализация на фоне эволюции Природы
Подведем итоги
Вопросы к пройденному материалу
Темы для обсуждения

На предыдущем занятии мы выяснили, что человечество вступило в новую эпоху: теперь все мы тесно взаимосвязаны и взаимозависимы, подобно шестеренкам в механизме. Чтобы жить дальше и развиваться, необходимо соответствовать тем требованиям, которые предъявляет нам возрастающая интеграция: нам предстоит, хотим мы этого или нет, достичь полной взаимной согласованности, взаимной ответственности и взаимной поддержки.

Однако по собственному опыту мы знаем, как трудно добиться согласия даже в самом маленьком коллективе – в семье. Что же говорить о человечестве в целом! Возможно ли это вообще? Может быть, идеальная взаимосогласованность – всего лишь прекрасная мечта и в действительности она нигде не существует? Нет, имеется множество примеров такой гармонии, казалось бы, недостижимой для человека, и примеры эти находятся буквально у нас перед глазами. Вся природа и все ее системы построены именно на таких основаниях.

2.1. НЕВИДИМЫЕ СВЯЗИ

УЧИТЬСЯ У ПРИРОДЫ

У многих эта фраза обязательно вызовет сомнения. Чему, собственно, мы можем научиться у природы, если человечество в своем историческом развитии, наоборот, уходило от нее все дальше и дальше? Такой скептицизм вполне понятен: современные люди чаще всего воспринимают природу только как неиссякаемый источник полезных ископаемых, место отдыха и «лабораторию», в которой можно проводить любые исследования и эксперименты. Мы привыкли относиться к природе утилитарно и считать, что имеем право покорять ее, полностью подчиняя своей воле.

Действительно, человек – единственное существо на земле, наделенное интеллектом, способное преобразовать окружающую среду и создать то, чего в ней нет: культуру, общество, цивилизацию. Однако, открытая наукой целостность мироздания, заставляет нас признать простую истину: мы находимся не над природой, а внутри огромной, сложно устроенной системы, и связаны с ней множеством незримых нитей. Мы – особая ее часть и определенная ступень ее развития.

> *«Я убежден, что все бытие, вся природа – это замкнутое единство, от простейшей неодушевленной материи до самой живой жизни... Наш человеческий мозг, наше тело и наши члены – мозаика из тех же простейших частичек, что образуют звезды, звездную пыль и темные облака туманностей, несущихся в межзвездном пространстве».*
>
> Томас Манн, известный немецкий писатель XX в.

Глобальный экологический кризис подтверждает: нельзя отделять природу от общества и человека, именно их взаимозависимость определяет сейчас судьбу человечества.

Нам еще предстоит осознанно включиться в глобальную систему природы, понять ее законы и научиться жить, регулируя свою деятельность и изменяя самих себя, согласно этим законам.

Итак, посмотрим, чему же мы можем научиться у природы.

СИСТЕМА И ЕЕ ЭЛЕМЕНТЫ В ПРИРОДЕ

Любые элементы природы – и самые большие (галактики, созвездия, планеты), и самые маленькие (атомы, молекулы) – можно рассматривать как нечто отдельное, существующее само по себе. **Но на самом деле каждый из этих элементов является частью более крупной и сложной системы, соразмеряет с ней свою деятельность и подчиняется ее законам.** Например, клетка – это система, имеющая сложное строение, свою индивидуальную жизнь, и вместе с тем, – один из миллиардов «кирпичиков», из которых состоит организм – главная для клетки «управляющая» система. Организм, в свою очередь является частью других систем – вида, популяции (сообщества особей одного вида), биогеоценоза, биосферы и т.д. Все эти системы как бы вложены друг в друга и между ними существуют сложные, многосторонние связи.

Попробуем разобраться, как эти связи работают, и начнем с биосферы – особой оболочки (сферы) Земли, где существует жизнь, где находится «живое вещество» планеты.

Биосфера (от греческих слов bios – жизнь и sphair – шар) – понятие, которое разработал выдающийся российский ученый В.И. Вернадский в 20 гг. XX века. Биосфера охватывает нижние слои воздушной оболочки Земли (атмосферы), всю водную оболочку (гидросферу), верхнюю часть земной коры (литосферу) вместе с почвой.

Биосфера, которая включает в себя огромное количество самых разнообразных видов растений, животных, насекомых, птиц, микроорганизмов, является единой целостной системой. Ее часто сравнивают с организмом или гигантской живой фабрикой, в которой происходит непрерывный круговорот и перераспределение вещества и энергии.

В этом круговороте участвуют все виды живой природы, и только благодаря их сотрудничеству и взаимосогласованной деятельности поддерживаются условия, пригодные для жизни на нашей планете.

Ни один организм или вид не может существовать изолированно от других, поскольку не способен обеспечить себя всем необходимым, выполнить все биохимические функции.
Растения поглощают из почвы воду и минералы, из атмосферы берут углекислый газ и в процессе фотосинтеза выделяют кислород и создают органическое вещество. Микроорганизмы, грибы, животные усваивают его, распределяют по всей биосфере и изменяют – например, превращают в минералы.

Простейшей иллюстрацией связей между разными элементами являются пищевые цепи: растениями питаются травоядные животные, травоядные животные служат пищей мелким хищникам, а те, в свою очередь, – хищникам более крупным. Несколько связанных между собой пищевых цепей образуют пищевую сеть. Пищевые сети тоже связаны между собой, создавая огромную сеть взаимосвязей, в которой каждый элемент прямо или косвенно воздействует на другие.

Связи эти настолько совершенны и отлажены, что каждый элемент, который в них участвует, необходим для природной системы.
В природе каждый элемент выполняет свою роль. Поэтому попытки человека вмешаться в природные процессы часто приводит к отрицательным результатам.

> **Цифры и факты**
>
> *Так, в Китае в 1958 г. с целью сохранить урожай уничтожили около 2 миллиардов «вредителей» – воробьев. Через год урожаи действительно выросли, но при этом расплодились гусеницы и саранча, поедающие побеги. В дальнейшем урожаи резко уменьшились, и в стране наступил голод.*
>
> *Несмотря на этот горький опыт, в начале 90 годов прошлого века правительство Северной Кореи решило в очередной раз «исправить» природу: избавить страну от уличных кошек. Через несколько недель после их истребления начался интенсивный прирост мышиного «населения», а также крыс и змей. Кошек в конце концов пришлось импортировать из соседних стран.*

И еще один пример: много лет продолжалась кампания по массовому отстрелу волков. А потом выяснилось, какой большой вклад они вносят в регулирование поголовья оленей, кабанов и различных грызунов. Оказалось, что, в отличие от человека, предпочитающего охотиться на наиболее здоровых и красивых зверей, волки выбирают в качестве жертв в основном больных и слабых особей, потому их и называют «санитарами леса».

Биосфера состоит из бесчисленного количества разнообразных сообществ – биогеоценозов (или экосистем), маленьких систем.

Биогеоценоз (экосистема) – (от греческих слов bios – живой, geo – земля, koinos – общий) – участок земной поверхности с живыми и неживыми компонентами (воздухом, почвой, водой), которые взаимодействуют между собой.

Каждая такая маленькая система, или сообщество, относительно самостоятельно и вместе с тем ведет себя как часть большой системы. Рассмотрим несколько примеров.

Лес – сложнейшее сообщество растений, животных и микроорганизмов. Все они взаимно приспособлены друг к другу: растения – к растениям и животным, а животные – к растениям. Лес получает из биосферы все необходимое: солнечную энергию, воздух, воду. И одновременно отдает, помогает поддерживать баланс в биосфере. Его вклад в «общее дело» велик: благодаря лесу улучшается состав почвы, очищается воздух, снижается высота паводков, увеличивается запас речных и подземных вод.

А теперь обратимся к системе поменьше и рассмотрим человеческий организм.

Наше тело. Все органы и системы в нашем теле удивительным образом сочетаются друг с другом, взаимодействуют, как детали в хорошо отлаженном механизме. Каждая клетка и каждый орган и отдают, и получают. Они берут от организма – большой системы – только то, что им необходимо, и исполняют свои функции ради общего блага: легкие поглощают кислород, сердце качает кровь и обеспечивает ее циркуляцию, печень ее фильтрует. Только благодаря такой взаимосогласованной работе и равновесию между получением и отдачей мы можем существовать и сохранять здоровье. Если связи нарушаются, наш организм болеет.

Как развивается эмбрион. В каждой клетке нашего тела содержится огромная информация – ее достаточно, чтобы вырастить новый организм. Когда человеческий зародыш появляется в теле матери, все его клетки на первых порах одинаковы. Потом они становятся все более разнообразными. Почему? Дело в том, что каждая клетка использует только ту часть имеющейся у нее генетической информации, которая соответствует ее будущему месту и роли в организме. Клетки постепенно приобретают особые свойства – в зависимости от того, каким органам или тканям они будут принадлежать.

В дальнейшем вся жизнедеятельность клеток направлена на то, чтобы поддерживать целостность и здоровье организма. Клетки словно осознают, в чем нуждается тело, что они должны сделать для него и сколько взять, поэтому точно согласуют свое собственное существование с его потребностями.

Биологи говорят, что у каждой клетки есть свой «разум». И мы еще не раз убедимся в том, что они правы. Однако только согласованное объединение клеток создает нечто большее – новое существо, человека, разум которого находится на несопоставимо более высокой ступени развития.

2.2. АЛЬТРУИЗМ, ЭГОИЗМ И РАВНОВЕСИЕ В ПРИРОДЕ

СИЛЫ ОТДАЧИ И ПОЛУЧЕНИЯ

Каким же образом в Природе достигается эта удивительная гармония – взаимная согласованность совершенно разных элементов и их глобальное равновесие? Мы привыкли, что эгоизм и альтруизм – чисто человеческие качества и проявляются только в обществе. Альтруистами мы называем тех, кто способен бескорыстно делать что-то хорошее для других, а эгоистами – тех, кто заботится только о своих интересах, причем нередко за счет интересов других людей. Однако в последнее время ученые все чаще стали использовать эти понятия по отношению к животным, растениям, микробам и клеткам, даже к неживой природе, правда, они вкладывают в них несколько иной, непривычный для нас, более широкий смысл.

Альтруизм – это желание отдавать, он связан с сотрудничеством, кооперацией, взаимопомощью, солидарностью.

Эгоизм – это желание существовать только для себя и получать; он связан с конкуренцией, борьбой за «место под солнцем».

Мы уже не раз говорили о том, что в нормальном состоянии клетки, растения, животные, экосистемы берут из окружающей среды столько, сколько необходимо, и отдают примерно столько же. *Силы отдачи и получения в Природе практически одинаковы. Это – ее главный закон, благодаря которому поддерживается глобальное равновесие.*

Что же происходит, когда оно нарушается? Ведь равновесие всегда относительно: то и дело возникают небольшие сбои или отклонения от нормы, а иногда и настоящие катаклизмы. *В критических ситуациях на первый план выходит альтруизм, вытесняя желание существовать только для себя.* Одним из первых в истории Земли альтруистов биологи считают «тонкую бациллу» (*Bacillus subtilis*). Когда сообщество этих микробов голодает, примерно половина погибает от ядовитого вещества, которая ими же самими и выделяется. Другая половина выживает, используя в качестве пищи тех, кто совершил самопожертвование.

К самопожертвованию способны и клетки: в случае серьезных нарушений в них, грозящих гибелью всему организму, больные клетки самоуничтожаются «во имя общего блага».

Среди животных распространен так называемый «эффект леммингов»: если популяция слишком разрослась и не может выжить, сухопутные животные добровольно погибают в море, а киты или дельфины выбрасываются на сушу, чтобы спасти остальных.

КАК ЕСТЕСТВЕННЫМ ОБРАЗОМ УРАВНОВЕШИВАЕТСЯ ЭГОИЗМ?

У природы имеются и другие способы поддержания равновесия. Например, «перевес» эгоизма хищников выправляется довольно быстро. Когда количество волков становится слишком большим, резко уменьшается число их жертв – зайцев. Лишившись корма, волки начинают вымирать, и в результате ситуация постепенно выравнивается: растет поголовье зайцев, а затем и волков. Этот цикл повторяется снова и снова на протяжении тысячелетий. По нашим человеческим представлениям, природа поступает жестоко, но именно благодаря этому наиболее сильные или приспособленные особи не вытесняют полностью более слабых, а хищники не уничтожают травоядных.

Такие механизмы налаживания баланса, разумеется, неприемлемы в обществе, однако в природе есть и другие – не столь «бесчеловечные».

Цифры и факты

РЫНОЧНЫЕ ОТНОШЕНИЯ МЕЖДУ РАСТЕНИЯМИ И ГРИБАМИ

Между растениями и грибами происходит взаимовыгодный обмен питательными веществами.
Ученые выяснили, что растения могут передавать грибам больше или меньше этих веществ – в зависимости от того, сколько они получают от своих «партнеров». Такая система связи не позволяет ни одной из сторон обманывать другую: «халявщики» остаются ни с чем[2].

---

2 Селлос М., Руссе Ф. Рыночные отношения между растениями и грибами // Сайенс, август 2011.

Цифры и факты

СОТРУДНИЧЕСТВО ПЛОДОТВОРНО

Биологи из университета британского города Эксетер провели интересный эксперимент. У одного из растений они надрезали лист. В качестве ответной реакции растение (а это была капуста) выпустило газ метил. Получив этот своеобразный сигнал SOS, растущие рядом овощи повысили в своих листьях содержание токсических веществ, с помощью которых они отпугивают непрошеных гостей – прежде всего насекомых-вредителей. Исследователи считают, что подобным образом общаются не только овощи, но также цветы и деревья.

Ученым давно известно, что в воздухе над джунглями Амазонки постоянно витает большое количество органических частиц. Эти частицы, взаимодействуя с водяным паром, приводят к частым осадкам в регионе. До сих пор оставалось загадкой, откуда появляются эти вещества. Международная группа исследователей под руководством Майнрата Андреа и Ульриха Пёшля провела анализ твердых частиц, обнаруженных в воздухе над амазонским лесом в сезон дождей. Оказалось, что большинство из них содержит соли с высоким содержанием калия. Исследователи пришли к выводу, что источником солей калия является сам тропический лес: действуя как единое целое, он обладает способностью вызывать дождь.

Природа предстает перед нами как единый огромный организм, система, гармония которой поддерживается за счет взаимосвязи и взаимосогласованности отдельных частей. Каждая выполняет свои «эгоистические» программы, но в определенных пределах – постольку, поскольку это работает на целое и не противоречит интересам всей системы. Такие системы называются интегральными. Интегральная система Природы формировалась постепенно, в процессе эволюции.

> ***Интегральная система*** (в переводе с латыни интегральный – целостный, взаимосвязанный) – система, для которой характерна очень высокая степень взаимосогласованности всех элементов благодаря тому, что каждый из них поддерживает равновесие между желанием отдавать и получать.

2.3. АЛЬТРУИЗМ И ЭВОЛЮЦИЯ

Эволюция – самый сложный и загадочный процесс, тайну которого уже давно пытаются раскрыть ученые. Считается, что вся Вселенная развивается как единое целое, начиная от Большого взрыва и заканчивая возникновением человеческого общества. Эволюция имеет свои особенности на каждом уровне мироздания, поэтому выделяются ее разновидности: космическая эволюция, химическая, биологическая, социальная. Но все эти разновидности связаны между собой, между ними имеется преемственность и некоторые общие черты.

> ***Эволюция*** (в переводе с лат. «развитие») – процессы, в результате которых увеличивается разнообразие элементов системы и происходит их интеграция на новом, более высоком уровне.

Эволюция складывается из разных процессов. Среди них свою роль играют конкурентные отношения, различные мутации, рост разнообразия. Но в последнее время на первое место ученые все-таки ставят сотрудничество, кооперацию, взаимное приспособление и взаимное согласованное развитие, то есть главную роль отводят интеграции. Более простые и сначала независимые элементы (атомы, клетки, гены, организмы) соединяются вместе, как бы «притираются» друг к другу, и постепенно возникает нечто иное и более сложное – новая система, одна часть которой уже не может существовать без другой.

ЭВОЛЮЦИЯ И ИНТЕГРАЦИЯ

Интеграция характерна для всех видов эволюции. Она проявляется и на уровне биосферы, и на уровне микромира и его мельчайших «кирпичиков» – элементарных частиц. Почти все они способны вступать в сложные взаимодействия друг с другом, превращаться друг в друга и рождать новые. Атомы состоят из элементарных частиц, которые определенным образом связаны друг с другом. Атом, таким образом, представляет собой крошечную систему: в центре ее находится ядро, состоящее из протонов и нейтронов, а вокруг ядра, в его электрическом поле, движутся электроны, образующие оболочки атома. Соединяясь химической связью, атомы образуют разнообразные молекулы. Молекула тоже представляет собой систему, состоящую из нескольких ядер, в общем поле которых движутся электроны. Число химических соединений очень велико: свыше 5 миллионов (из известных нам). Благодаря особым межмолекулярным силам – своего рода притяжению между молекулами – возникает то или иное вещество: жидкое, твердое или газообразное.

ЭВОЛЮЦИЯ И ПАРТНЕРСКИЕ ОТНОШЕНИЯ

Для эволюции жизни также необходимо согласованное взаимодействие и совместное развитие очень большого числа совершенно разных элементов.

«Партнерство – весьма существенная особенность устойчивых сообществ... Со времени появления первых ядерных клеток 2 миллиарда лет назад жизнь на Земле прошла через неуклонно усложняющиеся формы кооперации и совместной эволюции. Партнерство – тенденция объединяться, устанавливать связи, жить друг в друге и сотрудничать – одна из величайших отличительных черт жизни».

(Ф. Капра[3])

---

3 *Капра Ф.* Паутина жизни. Новое научное понимание живых систем. – К., М., 2002. – С. 323.

Действительно, сотрудничество появилось уже на первых этапах биологической эволюции. Биологи предполагают, что все разнообразие жизни на Земле произошло от «универсального предка», которого назвали Лукой (Last Universal Common Ancestor, LUKA). Этим общим для всего живого предком был не какой-то один организм и не вид организмов, а сложное сообщество разных микроорганизмов, которые активно обменивались между собой генетическим материалом.

Многоклеточные организмы появились в результате интеграции отдельных клеток. До этого сообщества древнейших бактерий (прокариот – безъядерных клеток), несмотря на тесные связи, не могли размножаться как одно целое. Естественный отбор действовал на уровне отдельных клеток, а не всего сообщества: любая мутация, выгодная отдельному организму, поддерживалась естественным отбором, даже если это приносило вред сообществу. Чтобы преодолеть этот недостаток, нужно было сделать еще один шаг в сторону усиления интеграции, сплоченности: клетки должны были по-настоящему слиться в один организм, отказаться от своей клеточной «индивидуальности» и объединить свои персональные хромосомы в один геном. Это и произошло 2–2,2 миллиарда лет назад, когда образовался новый вид клеток – эукариоты (ядерные клетки).

И в дальнейшем вся земная жизнь эволюционировала не как множество разрозненных объектов, каждый из которых озабочен лишь собственным выживанием и должен полагаться только на себя. Жизнь развивалась как единое целое – за счет «блочной сборки» отдельных элементов, информационного обмена, кооперации, симбиоза[4].

Биосфера, какой мы видим ее сейчас, – результат длительной, продолжавшейся миллиарды лет совместной эволюции органического и неорганического вещества, бесчисленного количества живых организмов, а потом и человека. Развитие человечества подчиняется общим законам эволюции: в нашей истории рост разноо-

---

4 *Марков А.* Рождение сложности. Эволюционная биология сегодня: неожиданные открытия и новые вопросы. – М., 2010. – С. 228.

бразия уже давно сочетается с процессами интеграции. И происходящая в наши дни глобализация – их закономерный естественный результат.

2.4. ГЛОБАЛИЗАЦИЯ НА ФОНЕ ЭВОЛЮЦИИ ПРИРОДЫ

КОГДА НАЧАЛАСЬ ГЛОБАЛИЗАЦИЯ?

Это вопрос спорный. Одни исследователи полагают, что это произошло еще на заре истории, в эпоху первобытности, когда человечество расселялось по территории всей Земли и постепенно осваивало новые места обитания. Другие считают отправной точкой Великие географические открытия, третьи связывают глобализацию исключительно с современным миром и становлением информационного общества.

По мнению биологов, история глобализации гораздо длиннее: она началась с появления Земли и эволюции земной природы. Возникали многообразные экологические системы, а потом на определенном этапе происходила их «глобализация» – интеграция в единую глобальную систему биосферы.

Следующий этап глобализации связан с эволюцией человека и общества. С одной стороны, на протяжении истории появлялось все большее число этносов, государств, цивилизаций, культур. Но одновременно разворачивались и процессы интеграции. Ритм интеграции был прерывистым, и все-таки она *неуклонно нарастала*, становилась более мощной и всеохватывающей. Каждый новый ее этап сопровождался переворотами в средствах коммуникации и транспортной связи. Распространение письменности и изобретение колесных повозок и морских судов, книгопечатание, появление телефона, радио и кино, поездов и самолетов, а в наши дни компьютеров и спутниковой связи – все эти новшества были важными вехами на пути глобализации/интеграции: они создавали ее материально-техническую базу, которая постоянно совершенствовалась.

ИНТЕГРАЦИЯ В ДРЕВНИХ ОБЩЕСТВАХ

Даже небольшие первобытные сообщества, как выясняется, не были полностью изолированными друг от друга: они обменивались престижными предметами потребления, заключали браки и военные союзы. Еще более тесными были контакты между древнейшими цивилизациями. Нередко их разделяли тысячи километров, однако они вели активную торговлю и оказывали друг на друга влияние.

Начиная приблизительно с 1 тыс. до н.э. интеграционные процессы стали играть уже достаточно заметную роль в истории человечества. В этот период – вплоть до Великих географических открытий – главными движущими силами глобализации были массовые миграции, торговля на дальние расстояния, мировые империи и мировые религии. Благодаря миграциям и торговле шел обмен товарами, идеями, техническими достижениями, расширялись знания о других народах, их обычаях и общественной жизни. В мировых империях сотни народов, имеющих свой язык, культуру, религию, вынуждены были вступать в контакт друг с другом. Мировые религии (христианство, буддизм, ислам) распространялись поверх государственных границ и объединяли миллионы верующих разных национальностей.

Контакты между цивилизациями и народами, конечно, были важны и способствовали их взаимообогащению, но часто они были насильственными, принудительными, связанными с войнами и завоеваниями. Кроме того, они охватывали весьма незначительную часть мирового пространства.

ВЕЛИКИЕ ГЕОГРАФИЧЕСКИЕ ОТКРЫТИЯ И ЭПОХА КОЛОНИЗАЦИИ

Следующий этап глобализации начался 12 октября 1492. г. – в тот знаменательный день, когда Х. Колумб открыл Америку. История с этого момента приобрела действительно глобальный характер, так как все регионы и народы мира в конце концов стали взаимодействовать друг с другом. Однако это произошло отнюдь не по их доброй воле: главной движущей силой интеграции была колониальная политика капиталистических стран Запада, которые превращали колонии в свой сырьевой придаток.

Цифры и факты

К 1914 г. европейцы или бывшие европейские колонии контролировали 84 % поверхности суши. В 1900 г. Британская империя, над которой никогда не заходило солнце, простиралась на 11 миллионов квадратных миль и насчитывала 390 млн. человек.

Глобализация по-прежнему была насильственной, механистической и в целом поверхностной. Тем не менее, в этот период создавался всемирный товарно-ресурсный рынок, начала формироваться система международного разделения труда.

НА ПУТИ К ИНТЕГРАЛЬНОМУ ОБЩЕСТВУ

Информационная компьютерная революция открыла возможности для нового этапа глобализации, но теперь интеграция уже не будет насильственной, основанной на подчинении и господстве. Многочисленные народы должны слиться в единый, живой гармонично устроенный организм, в котором каждый «элемент» будет дополнять другие элементы, воздействовать на них и испытывать на себе их воздействие, являться источником их существования и получать от них все необходимое для себя.

Теперь перед человечеством стоит задача стать интегральной системой, уподобившись Природе. Это – этап эволюции Природы и эволюции нашей цивилизации, которая является ее частью.

ПОДВЕДЕМ ИТОГИ

Природа является образцом глобальной интегральной системы. Все элементы в ней связаны друг с другом, влияют друг на друга; при этом каждый выполняет свою функцию, работает на большое целое и соразмеряет свою деятельность с общими интересами.

Взаимная согласованность различных элементов в природе достигается за счет того, что эгоизм и альтруизм – силы получения и отдачи в природе – практически одинаковы. Каждый элемент получает все необходимое извне и примерно столько же отдает, поддерживает свое существование и одновременно вносит вклад в поддержание жизни более крупной управляющей системы.

Глобальная интеграция, которая происходит на наших глазах, подчиняется общему закону эволюции: разнообразные культуры, цивилизации, народы соединяются в одно целое. Но человечеству предстоит разработать свои, особые механизмы поддержания глобального равновесия между эгоизмом и альтруизмом.

ВОПРОСЫ К ПРОЙДЕННОМУ МАТЕРИАЛУ

1. В параграфе приведены разные определения эгоизма и альтруизма. Чем они различаются?
2. Как соотносятся эгоизм и альтруизм в Природе и в человеческом обществе?
3. Какие системы называют интегральными?
4. Какую роль играют альтруизм, интеграция, сотрудничество в эволюции?
5. Как на разных этапах истории человечества проявлялась интеграция?
6. Почему интеграция в нашей истории имела чаще всего насильственный характер? Каким должен быть ее следующий этап?

ТЕМЫ ДЛЯ ОБСУЖДЕНИЯ

- Чему мы можем научиться у Природы?
- Можно ли построить общество, подобное интегральным системам в Природе?

УРОК 3.
ИСТОКИ ГЛОБАЛЬНОГО КРИЗИСА

3.1. Кризис современного общества
3.2. Человек и природа: глобальный экологический кризис
3.3. Причины кризиса
Подведем итоги
Вопросы к пройденному материалу
Темы для обсуждения

Теперь, когда мы узнали, что такое интегральность и как достигается взаимосогласованность и глобальное равновесие в Природе, давайте обратимся к обществу. Ведь человек и все, что им создано, – тоже часть Природы, одна из систем биосферы, причем очень большая. Что же сейчас происходит в этой системе, где главную роль играет человек? *На фоне природной гармонии особенно очевидно наше крайнее неблагополучие, которое проявляется в виде глобального кризиса.*

Кризисы – совсем не редкое явление в истории: человечество переживало их много раз. Некоторые преодолевались относительно легко, другие – труднее и с большими потерями. Но нынешний кризис не похож на все предыдущие. Ученые говорят о каком-то особом тупике, из которого нельзя выйти с помощью обычных средств и традиционных решений.

И это неудивительно: впервые кризис имеет **глобальные масштабы**, то есть затрагивает все сферы человеческой деятельности, все общества – независимо от того, как они устроены, каков уровень их развития, насколько они бедны или богаты. Кризис сказывается на жизни каждого человека в отдельности и на всем человечестве в целом.

Раньше лишь отдельные цивилизации приходили в упадок или погибали, другие в это же время только зарождались, третьи – достигали расцвета. Поэтому, несмотря на неприятности в каких-то отдельно взятых местах, человечество двигалось вперед.

Сейчас на нашей планете не осталось ни одного абсолютно «здорового» общества, которое было бы примером для остальных. Все человечество поражено тяжелой болезнью, и это означает, что нам всем вместе придется искать выход, находить новые неординарные решения.

Пока, к сожалению, сделать это не удается, потому что все кризисные явления взаимосвязаны и взаимозависимы – в точности так же, как и современное человечество.

«Ни одной важной проблемы современного мира нельзя разрешить в отдельности. Попытки действовать подобным образом почти неизбежно ведут к обострению других проблем, казалось бы, не имеющих отношения к данной».

(*Я. Тинберген, лауреат Нобелевской премии по экономике*)

Следовательно, менять подход необходимо ко всему, причем кардинально: и к себе, и к обществу. И самое главное – найти одну, основную причину «болезни» и подобрать нужное «лекарство».

Но сначала все-таки давайте разберемся с «симптомами» болезни, поскольку средства массовой информации обычно не дают картины целиком, сводят кризис к временным экономическим или политическим трудностям. И не говорят о том, насколько длинным стал список глобальных проблем, от решения которых зависит наша жизнь и будущее наших детей.

3.1. КРИЗИС СОВРЕМЕННОГО ОБЩЕСТВА

БУРНЫЙ ДЕМОГРАФИЧЕСКИЙ РОСТ И УГРОЗА ПЕРЕНАСЕЛЕННОСТИ

Цифры и факты

Примерно 5 тысяч лет назад на Земле жили всего 30 миллионов человек, в 1500 г. население выросло до 450 миллионов, а в 1900 г. оно достигло 1,65 миллиарда человек. В XX в. произошел настоящий демографический взрыв: к 1996 г. численность человечества достигла 5,8 миллиардов, а в наши дни уже превысила 7 миллиардов человек. Даже если темпы роста снизятся, к середине нынешнего столетия на Земле будут жить 9-10 миллиардов человек.

Ученые считают, что перенаселенность грозит голодом, эпидемиями, кровавыми войнами и бунтами. Пока рост продолжается, хотя и неравномерно: в развитых странах рождаемость резко упала, и население «стареет», а в развивающихся странах, наоборот, уровень рождаемости повышается.

РОСТ КОЛИЧЕСТВА МЕЖДУНАРОДНЫХ КОНФЛИКТОВ

В основном конфликты имеют локальный характер, однако каждый из них может перерасти в войну гораздо больших масштабов. Поэтому в целом обстановка в мире нестабильна и неспокойна.

«РАСПОЛЗАНИЕ» ЯДЕРНОГО ОРУЖИЯ И ДРУГИХ СРЕДСТВ МАССОВОГО ПОРАЖЕНИЯ

Сейчас около 30 стран (помимо ядерных держав) имеют технические возможности для создания ядерной бомбы. И эта цифра, скорее всего, будет увеличиваться. Кроме того, ядерное оружие может оказаться в руках террористов или глобальных криминальных структур, действия которых невозможно контролировать.

МЕЖДУНАРОДНЫЙ ТЕРРОРИЗМ

От этой глобальной опасности не защищено ни одно государство в мире, даже самые мощные военные державы. И никто не знает, когда и где будет нанесен удар. Международный терроризм и преступность превращаются в мировую войну, только особого рода: линии фронта здесь нет, и один из противников «невидим». Все новейшие технические достижения оказываются в их распоряжении, в том числе и средства высокоскоростной передачи информации. Террористические акции становятся все более масштабными: достаточно вспомнить трагические события в США 11 сентября 2001 г. или газовую атаку секты Аум-Синрике в Японии.

НЕСТАБИЛЬНОСТЬ МИРОВОЙ ЭКОНОМИКИ

В последнее время все чаще происходят обвалы мировых рынков, острые финансово-экономические кризисы, которые наносят жестокие удары не только по бедным странам, но и по странам высокоразвитым и богатым.

КРИМИНАЛИЗАЦИЯ ЭКОНОМИКИ

Международные криминальные сети крепнут и разрастаются очень быстрыми темпами. Торговля людьми, оружием и наркотиками, коммерческий терроризм, тайные захоронения токсичных отходов, компьютерные махинации – все эти крайне опасные аферы, которые приносят огромный вред людям, дают высокую прибыль.

Цифры и факты

Согласно «Всемирному докладу о торговле людьми» в странах, представивших сведения о половой принадлежности, возрасте и форме эксплуатации потерпевших, две трети выявленных жертв составляли женщины и 13% – девочки, 79% жертв подвергались сексуальной эксплуатации.

БЕЗРАБОТИЦА

Безработица уже давно перестала быть случайным и временным явлением, она заняла прочное место в жизни современных обществ и неуклонно растет.

«Несмотря на энергичные усилия правительств, кризис занятости не ослабевает, и каждый третий работник в мире – или примерно 1,1 миллиарда человек – либо не имеет работы, либо живет в бедности».

(Хуан Сомавия, Генеральный директор
Международной организации труда (МОТ))

Цифры и факты

В ближайшее десятилетие необходимо создать 600 миллионов рабочих мест, однако надежд на заметное улучшение ситуации с занятостью пока нет. От безработицы особенно страдает молодежь. В Евросоюзе количество безработных достигает в среднем 23%, но в отдельных странах оно гораздо выше: в Греции 54%, в Испании 53%, в Италии, Португалии, Ирландии – более 30 %. Всего в 2011 г. без работы оказалось 75 миллионов людей моложе 25 лет.

НЕРАВНОМЕРНОСТЬ ЭКОНОМИЧЕСКОГО РАЗВИТИЯ

Современный мир разделен на две неравные части – на богатый «Север» и бедный «Юг», «золотой» и «нищий» миллиарды. Около 3 миллиардов человек (почти половина населения Земли) живут в бедности или в нищете. В Боливии, например, за чертой бедности оказались 62% населения, в Никарагуа и Гондурасе – 42%.

Цифры и факты

НЕХВАТКА ПРОДОВОЛЬСТВИЯ

Independent сообщает: 25% детей в мире недоедают, 300 детей каждый час умирают от голода. 170 млн. детей в возрасте до 5 лет (в Пакистане, Бангладеш, Индии, Перу, Нигерии) не развиваются должным образом из-за недостатка еды. Каждый шестой родитель в мире не в состоянии купить мясо, молоко, овощи в нужном количестве. В ближайшие 15 лет пол-миллиарда детей не смогут правильно развиваться физически и умственно из-за недоедания.

КРИЗИС ГОСУДАРСТВА

Национальные государства уже не в силах обеспечить всех граждан социальными льготами и защитить их от многочисленных глобальных рисков и угроз. В результате уровень доверия общества к правительствам начинает снижаться. Даже в западных странах, где демократия появилась давно, теперь немногие верят, что демократические правительства действительно выражают волю своего народа.

КРИЗИС СИСТЕМЫ ОБРАЗОВАНИЯ

Дело не только в падении общего уровня образования, особенно школьного, хотя и это – серьезная проблема. Не менее важно и другое: ни среднее, ни высшее образование не дают детям правильного представления о современном мире, о том, как следует жить, каких ценностей придерживаться. Иными словами, современная система образования не воспитывает человека. Отсюда и многочисленные проблемы подрастающего поколения: стремление уйти в виртуальную реальность, наркомания и алкоголизм, склонность к насилию и вандализму, чувство одиночества, отсутствие самореализации и т.д.

РАЗРУШЕНИЕ СЕМЬИ, РОСТ НАРКОМАНИИ, ПРЕСТУПНОСТИ

Цифры и факты

Общая преступность в мире с каждым годом увеличивается. Начиная с 80-х годов она возрастает на 5% ежегодно. Наибольшее число преступлений совершается в США – до 35 млн. в год.

В 1974 году коэффициент умышленных убийств в мире составлял 2,85 убийств на 100 тыс. населения. К 1993 году он повысился до отметки 3,85. Минуло еще почти два десятилетия, и в 2012 году в мире на 100 тыс. населения фиксируется уже 6,9 убийств. Самый высокий уровень убийств выявлен в странах Южной Африки и Центральной Америки – коэффициент 30,5 и 28,5 соответственно.

Около 234 млн человек, или 5% всего населения планеты в возрасте от 15 до 64 лет, употребляли наркотики в 2012 году.

Количество проблемных потребителей наркотиков (лиц, употребляющих наркотики путем инъекций и/или считающихся наркозависимыми) тем временем составило около 27 млн, или около 0,6% всего взрослого населения в мире, т.е. каждый двухсотый человек является наркозависимым. В 2013 г. зафиксирован всплеск производства опиума в Афганистане – самом большом производителе опиумного мака в мире, посевные площади увеличились на 36% процентов, со 154 тыс. гектаров в 2012 до 209 тыс. гектаров в 2013 году. С урожаем в 5500 тонн, производство опия в Афганистане составляет 80% от общемирового. В 2013 году производство героина превысило самые высокие уровни, наблюдаемые в 2008 и 2011 годах.

РОСТ ЧИСЛА САМОУБИЙСТВ И ДЕПРЕССИЙ

Цифры и факты

По данным Всемирной организации здравоохранения (далее ВОЗ), более 350 миллионов человек и в бедных, и в богатых странах страдают от депрессии, которая выходит на первое место в списке самых распространенных болезней.

Ежегодно в мире совершается более 800 тысяч самоубийств. По статистике, самоубийство является одной из главных причин смертности в возрастной группе от 15 до 29 лет, но при этом наибольшую склонность к суициду проявляют люди старше 70 лет.

Почти 40% европейцев страдает психическими расстройствами.

3.2. ЧЕЛОВЕК И ПРИРОДА: ГЛОБАЛЬНЫЙ ЭКОЛОГИЧЕСКИЙ КРИЗИС

Глобальный кризис общества сочетается с таким же глобальным кризисом окружающей среды. Множество проблем связано с катастрофическим ухудшением экологической обстановки на нашей планете. Главными причинами появления глобальных экологических рисков являются загрязнение окружающей среды и истощение природных ресурсов. Обе причины неотделимы друг от друга, потому что загрязнение наносит сокрушительный удар по природным ресурсам, без которых невозможно само существование человека. Речь идет о среде нашего обитания: о земле, воде, воздухе.

ЗАГРЯЗНЕНИЕ ВОЗДУХА

Происходит из-за обилия токсичных веществ, которые содержатся в выхлопных газах автомобилей и в промышленных выбросах. В результате в атмосфере скапливаются парниковые газы. Это вызывает истощение озонового слоя (защитной оболочки, предохраняющей нас от солнечной радиации) и большие климатические изменения.

Некоторые ученые полагают, что нас ожидает глобальное потепление, другие говорят о глобальном похолодании. В любом случае рост числа стихийных бедствий и погодных аномалий совершенно очевиден: на нас обрушиваются ураганы, наводнения, лесные пожары, землетрясения, засухи. В 50 гг. прошлого века произошло 20 крупных стихийных бедствий, в 70 гг. – 47, а в 90 гг. – уже 86. Начало XXI столетия также отмечено многочисленными природными катаклизмами и техногенными катастрофами. И прогнозы на ближайшее будущее мало утешительны.

> **Цифры и факты**
>
> *В 2012 году произошло более 310 стихийных бедствий, в том числе землетрясения, ураганы, наводнения. В результате погибли 9300 человек и в той или иной мере пострадали 106 миллионов жителей планеты. В докладе ООН, содержащем обзор экономических потерь в результате стихийных бедствий в 56 странах, отмечается, что прямые потери от наводнений, землетрясений и засух были недооценены, по меньшей мере, на 50%. Только в этом столетии они уже составили 2,5 триллиона долларов США.*

ЗАГРЯЗНЕНИЕ ВОДЫ

В Мировой океан сбрасывается огромное количество загрязняющих веществ, в том числе и радиоактивных отходов. Сброс нефти достигает 600 тысяч тонн в год. На суше в грунтовые воды, в реки и озера попадают свинец, ртуть, пестициды и нитраты. Количество чистой пресной воды неуклонно убывает, уменьшается количество рыбы.

ДЕГРАДАЦИЯ ПОЧВ

Этот процесс называют «тихим кризисом» планеты. Каждый год человечество теряет большие площади плодородных земель, количество которых весьма ограничено.

На Земле не осталось таких мест, где не проявлялось бы – прямо или косвенно – влияние человеческой деятельности. К сожалению, влияние это в основном отрицательное. Отходы – производственные и бытовые – «перевешивают» отходы всех прочих живых существ вместе взятых. За последние два столетия была уничтожена 1/3 биосферы: живых существ (биоты), почв, органических запасов в недрах земли. Стремительно исчезают многие виды животных и растений, разрушаются экосистемы, продолжается варварская вырубка лесов – легких нашей планеты, иссякают запасы газа, нефти и других полезных ископаемых.

> **Цифры и факты**
>
> *Согласно годовому отчету британской нефтегазовой компании BP объем доказанных мировых запасов нефти предполагает, что по состоянию на конец 2013 г. на Земле находилось около 1688 млрд баррелей нефти. При нынешних темпах добычи этого объема хватит на 53,3 года.*
>
> *В начале XXI в. энергетический потенциал угля достигал 300 млрд. тонн нефтяного эквивалента (ТНЭ), нефти – 150 млрд., газа – 160 млрд., что составляло 60% всей потребляемой мировой экономической энергии. При современных темпах роста потребления запасов угля должно хватить на 230 лет, газа – на 70, нефти – на 50.*

КОГДА ЖДАТЬ КАТАСТРОФЫ?

Еще в 1992 г. две самые авторитетные научные организации в мире – Британское Королевское общество и Американская Национальная Академия наук – предупредили:

«Будущее нашей планеты висит на волоске. Устойчивого развития можно добиться, но только в том случае, если вовремя остановить необратимую деградацию планеты. Следующие 30 лет станут решающими»[5].

Срок, отведенный учеными, уже почти истек, а экологический кризис остановить не удалось. Земля в ближайшем будущем может стать непригодной для жизни. Допустим, времени до катастрофы осталось не 10 и не 30-50 лет (тут мнения ученых расходятся), а гораздо больше. Это, в сущности, ничего не меняет. Если не нам, то нашим детям или внукам грозит серьезная опасность.

И уже сейчас мы страдаем от «порчи» окружающей среды и не можем решить многие социальные проблемы, не исправив положения на «экологическом фронте». Ведь от состояния природы зависит развитие сельского хозяйства и промышленности. Нехватка полезных ископаемых и воды порождает военные конфликты. От воздуха, которым мы дышим, и экологической чистоты продуктов, которые мы едим, зависит наше здоровье. И, наконец, стихийные бедствия наносят огромный ущерб цивилизации, и с каждым годом суммы, которые расходуются на его ликвидацию, увеличиваются. Если, например, глобальное потепление будет наращивать темпы, то многие государства потеряют значительную часть своих территорий – они будут затоплены. В других регионах, наоборот, появятся пустыни. Это приведет к нехватке продовольствия и промышленных товаров, к войнам за воду, плодородные земли и другие природные ресурсы.

---

5   The Federalist Debate. July 2000. P. 29.

3.3. ПРИЧИНЫ КРИЗИСА

Почему же кризис имеет такой затяжной и глубокий характер? Ведь бороться с ним начали уже давно. В 1992 г. ООН попыталась объединить мировое сообщество, чтобы совместными усилиями ликвидировать глобальные проблемы – прежде всего предотвратить экологическую катастрофу и смягчить пропасть, разделяющую богатые и бедные страны. Декларацию о новой программе устойчивого развития подписали 179 государств. С тех пор прошло более 20 лет. Чего же мы добились?

Неуправляемость возрастает.

Кризис и борьба с ним наглядно показывают, что человечество не способно «управлять» миром. Все выходит из-под контроля: природная среда, общественная жизнь, техника. И это несмотря на то, что риски теперь просчитываются на компьютерах, методы прогнозирования и предупреждения катастроф постоянно совершенствуются. Принимается множество правильных решений и тратися много усилий и средств, чтобы их выполнить. Увы! Слишком часто эти решения опаздывают, оказываются неэффективными или вызывают последствия, прямо противоположные ожидаемым. Мы не способны предотвращать экономические кризисы и стихийные бедствия, мы не можем даже прогнозировать погоду.

Человечество все больше ощущает свое бессилие, и неудачи заставляют задуматься: почему мир отзывается на нашу деятельность не так, как хотелось бы? Что мы делаем неправильно? И что именно следует исправить в первую очередь?

Чтобы найти главную причину всех бед, давайте обратимся к экономике.

Не будем забывать: экономика – это материальная основа нашей жизни, без которой мы не можем существовать. Любые сбои в этой области очень болезненно сказываются на обществе, особенно если они имеют глобальные масштабы. Кроме того, экономика наилучшим образом отражает характер наших взаимоотношений, наши цели и то направление, в котором развивается общество.

НА ЧТО РАСХОДУЮТСЯ ДЕНЬГИ?

Сбалансированное устойчивое развитие означает, что нужно добиться равновесия между интересами экономическими и экологическими, ограничить рост потребления, которое на Западе уже превратилось в сверхпотребление. Однако изменений к лучшему пока нет: психология потребительства не искоренена в Европе и США и начинает распространяться на Востоке. Между тем ученые подсчитали, что если все население Земли примет западную модель потребления, нам потребуется несколько планет, а не одна.

Сегодня миллиарды долларов расходуются на рекламу, убеждающую нас покупать вещи, которые не нужны или без которых можно обойтись. Вещи покупаются и быстро выбрасываются, но не потому, что их нельзя использовать, а потому, что в магазинах появляются новые, более модные и красиво оформленные. Излишки товаров часто производят только с целью сбить цены, а потом их отправляют на свалку.

> **Цифры и факты**
>
> *Мир теряет 30% еды. Согласно данным ООН, в течение только 2012 г. еще 44 миллиона человек оказались за чертой бедности из-за роста цен на продукты. И почти миллиард – голодают или недоедают, не могут прокормить детей. Однако 30% продуктов, которые производят в мире, ежегодно просто выбрасывается в мусорное ведро.*

Экономика «неразумного потребления» съедает природные ресурсы, создает горы мусора и, наконец, пагубно влияет на человека. Однако она продолжает развиваться, поскольку определенной группе лиц приносит очень большие доходы.

Глобальная экономика подчинена эгоистическим корыстным интересам государств, транснациональных корпораций, отдельных предпринимателей, которые, действуя вопреки интересам и своих народов, и человечества в целом, стремятся извлечь как можно больше выгоды буквально из всего: из финансовых махинаций и финансовых кризисов – как известно, одни при этом разоряются, а другие становятся еще богаче; из кризиса экологического; из международных конфликтов, наркоторговли и т.д. Именно поэтому глобализация, порождающая всеобщую взаимозависимость, порождает и обостряет кризис, многократно усиливает его последствия.

ГЛОБАЛЬНЫЕ ПРОБЛЕМЫ И ЭГОИСТИЧЕСКИЕ ИНТЕРЕСЫ

Государства вкладывают средства в решение глобальных проблем в основном в тех случаях, когда это совпадает с национальными интересами и приносит выгоду. Точно так же ведут себя и большие транснациональные корпорации (ТНК): они участвуют в различных глобальных проектах на коммерческой основе при условии, что это будет рентабельно. Например, для ТНК экологизация производства важна не сама по себе, а как возможность вывести из-под контроля правительств эксплуатацию природных ресурсов и взять ее в свои руки.

Даже в богатых странах Запада экологическая деятельность имеет свои пределы. Для больших компаний и для отдельных предпринимателей это вовсе не главная цель, а средство одержать верх в конкурентной борьбе – ведь экологическая безопасность теперь в моде. Но чрезмерный рост расходов на нее вызовет недовольство и сопротивление.

Что же говорить о развивающихся странах! Там беспощадно эксплуатируется главное богатство – природные ресурсы – ради быстрого экономического роста и стремления догнать Запад. В результате загрязнение среды в «третьем мире» растет в два раза быстрее, чем промышленное производство. По данным Всемирного банка, в 2002 г. по загрязненности воздуха на первом месте оказался Дели, за ним – Каир и Калькутта. Между тем самый крупный в мире мегаполис Токио занял 57 место, а Нью-Йорк – 96.

КАК МЫ «ПОМОГАЕМ» ДРУГ ДРУГУ

Помощь бедным развивающимся странам чаще всего не улучшает их бедственное положение: во многом потому, что миллионы долларов исчезают, так и не достигнув цели, то есть, проще говоря, разворовываются. Кроме того, помощь, как правило, совсем не бескорыстна: займы, например, даются с определенными условиями. Развивающимся странам приходится сокращать расходы на социальные нужды, «освобождать» экономику от контроля государства, приватизировать государственные предприятия и т.д. А это создает еще больше проблем: только в 80-90 гг. прошлого века в развивающихся странах, которые проводили экономические реформы, произошло около 100 финансовых кризисов. Многие крупные и богатые страны свернули свои финансовые программы помощи.

Итак, основная причина глобального кризиса вполне очевидна: это наш эгоизм, который достиг небывалых масштабов и проявляется во всех сферах нашей жизни и деятельности: в экономике, политике и культуре, в отношениях между людьми и фирмами, государствами, конфессиями и нациями. Эгоизм привел нас к противостоянию друг другу и человечества в целом – с Природой, и, конечно, не только потому что мы хищнически потребляем ее богатства. Дело обстоит гораздо серьезнее: человечество противопоставило себя Природе как интегральной системе. В ней оформилось слабое, «неправильное», но весьма агрессивное звено, которое нарушает гомеостаз, равновесие в отдаче и получении.

ПОДВЕДЕМ ИТОГИ

Глобальный кризис охватывает все страны и все сферы человеческой деятельности. Его особенность заключается в том, что впервые в истории под угрозу поставлено дальнейшее существование человечества.

Кризис общества, разрушающий его основы, сочетается с экологическим кризисом, который ведет к разрушению биосферы – нашей среды обитания.

Причиной глобального кризиса является человеческий эгоизм, который проявляется в отношениях между государствами, корпорациями, отдельными людьми, а также в отношениях человечества в целом и природы.

Эгоизм создает непреодолимые препятствия для борьбы с кризисом, поэтому все попытки ликвидировать его традиционными способами оказываются неудачными.

ВОПРОСЫ К ПРОЙДЕННОМУ МАТЕРИАЛУ

1. Чем современный кризис отличается от всех предшествующих?
2. Почему кризис называют глобальным?
3. Как связаны между собой кризис в обществе и экологический кризис?
4. Что создает главные препятствия на пути ликвидации кризиса?
5. Почему глобализация/интеграция в ее нынешнем виде усиливает и обостряет кризис?

ТЕМЫ ДЛЯ ОБСУЖДЕНИЯ

- Как следует бороться с глобальным кризисом?
- Чему учит нас глобальный кризис?

УРОК 4.
ОСОБЕННОСТИ ЧЕЛОВЕЧЕСКОГО ЭГОИЗМА

4.1. Эгоизм без границ
4.2. Всемирная история желаний
4.3. Альтруизм или ловко замаскированный эгоизм?
4.4. Солидарность в разделенном обществе
4.5. Зачем нужен эгоизм?
Подведем итоги
Вопросы к пройденному материалу
Темы для обсуждения

Мы выяснили, что главной причиной кризиса современного общества является эгоизм. Но почему же он достиг такого уровня, что мы оказались в состоянии «войны» друг с другом и с Природой? Почему законы, по которым мы живем, полностью противоположны ее законам? Почему животные и растения, даже микроорганизмы, способны сдерживать свой эгоизм, уравновешивать получение и отдачу, а мы – нет? Попытаемся разобраться в этом сложном вопросе и сравним эгоизм природный и человеческий.

4.1. ЭГОИЗМ БЕЗ ГРАНИЦ

ЭГОИЗМ В ПРИРОДЕ

Эгоизм природный имеет ограниченные пределы и развиваться не может. Желания различных видов животных, растений, птиц или бактерий, конечно, отнюдь не одинаковы, но эти различия заданы раз и навсегда.

У растений, которые нуждаются в солнечной энергии, не появится желаний, свойственных животным. Точно так же всегда будет существовать разница между потребностями, скажем, хищников и травоядных.

Действия животных направляются инстинктами, поэтому поведение особей одного вида примерно одинаково. Иногда (особенно у приматов) могут проявляться и небольшие индивидуальные особенности, однако даже самое умное животное, которое выделяется среди своих сородичей, не сумеет выйти на уровень желаний человека. С возрастом животные не «совершенствуются», они просто достигают зрелости, и в этот период все их инстинкты раскрываются полностью.

Желания того или иного вида тоже остаются неизменными: потребности волков и зайцев, которые жили тысячелетия назад, были абсолютно такими же, как и в наши дни. И потребности эти весьма скромны, ведь на первом месте стоят инстинкты самосохранения и продолжения рода.

ЭГОИЗМ В ЧЕЛОВЕЧЕСКОМ ОБЩЕСТВЕ

Желания человека гораздо более разнообразны. Их можно разделить на несколько групп:

1. Простейшие желания, необходимые для выживания: потребность в пище, жилье, в сексуальной жизни и сохранении потомства. Эти желания сближают нас с животными, по сути своей они являются «природными» – в отличие от следующих трех, которые имеются только у человека.
2. Желание приобретать материальные блага (деньги, предметы роскоши и т.д.).
3. Желание добиваться власти, почестей, известности.
4. Стремление к знаниям, желание постичь мир, его устройство и законы, проникнуть в суть вещей.

Любое из желаний может возрастать до бесконечности, ибо человеческие потребности беспредельны, даже самые простые – в еде и жилище. Хищник, удовлетворив голод, какое-то время не будет охотиться и не станет нападать на жертву, пока не проголодается вновь.

Человек «голоден» всегда. Едва успев получить желаемое, мы сразу начинаем желать что-то еще или то же самое, но лучшего качества и в больших количествах. Нами движет зависть и стремление превзойти окружающих (чтобы было лучше, чем у соседа). Поэтому нам требуется еще более изысканная еда, более просторные и красиво обставленные дома, более модная одежда, более роскошная машина и более престижная должность. И, конечно, всегда нужно больше денег.

Мы никогда не останавливаемся на достигнутом. Человеку кажется: осталось совсем немного, я добьюсь еще этого (куплю дом и машину, стану начальником и т.д.), и тогда можно остановиться. Но нет. **Удовлетворение любого желания приносит радость очень ненадолго – на смену старому сразу появляется новое или несколько других сразу.**

ЧЕМ МЫ ОТЛИЧАЕМСЯ ДРУГ ОТ ДРУГА?

У каждого из нас много разных желаний, которые влияют на наш характер, взаимоотношения с людьми, выбор работы, семейную жизнь. Только у одного сильнее проявляется, скажем, жажда знаний, а у другого – стремление к власти; однако оба желания могут совмещаться с остальными – например, с желанием богатства.

На наши желания влияет общество. В советскую эпоху стремление зарабатывать как можно больше считалось чуть ли не позорным. А в наши дни, наоборот, к людям, которые не умеют или не хотят этого делать, относятся с некоторой долей презрения. С возрастом наши приоритеты обычно меняются. В молодости секс, деньги, карьера часто стоят на первом месте. К старости люди производят переоценку ценностей, больше задумываются о смысле жизни.

У разных людей различные желания смешиваются в разных пропорциях, и возникает бесчисленное количество комбинаций. Это и делает нас такими разными, непохожими друг на друга. **Трудно найти двух совершенно одинаковых людей, у которых все желания совпадали бы полностью. И все-таки сами по себе желания, те «кирпичики», из которых состоит наша неповторимая индивидуальность, – одинаковые, общие для всех.**

Итак, в отличие от природного, человеческий эгоизм способен расти и развиваться. Это происходит на протяжении всей нашей жизни и на протяжении всей истории человечества.

4.2. ВСЕМИРНАЯ ИСТОРИЯ ЖЕЛАНИЙ

Основные этапы всемирной истории нам хорошо известны со школьных лет. Но сейчас мы рассмотрим их под другим углом зрения, чтобы выяснить, как развивался человеческий эгоизм.

ПЕРВОБЫТНОСТЬ – ЭПОХА «ПРИРОДНОГО» ЭГОИЗМА

В эпоху первобытности, на заре истории наш эгоизм был еще очень слабым, едва различимым, подобно эмбриону в теле матери, а желания – простыми и немногочисленными. Добыть пищу, обеспечить теплое жилье и безопасность для себя и своих сородичей, сохранить потомство – все желания первобытных людей, как и животных, подчинялись задаче выживания. И решалась эта задача примерно теми же способами, какими решают ее животные.

Животное берет все необходимое из окружающей среды, и первобытный человек, занимаясь охотой, рыбной ловлей и собирательством, тоже использовал ресурсы природы, причем в ограниченных количествах. В те времена люди еще не умели преобразовывать окружающую среду, подчинять ее себе: для этого прежде всего не было технических средств. Подобно животным, наши предки стремились главным образом приспособиться к ней и сохранить равновесие, удержать свою экологическую нишу.

Для развития более сложных желаний возможностей практически не оставалось. Излишков пищи или вещей, как правило, не было. Если же они все-таки появлялись, их сразу «транжирили»: одаривали соплеменников, проедали на коллективных пиршествах, а иногда просто уничтожали за ненадобностью. Ресурсы распределялись не совсем поровну, но свою долю должен был получить каждый. Богатство ценности не представляло, и накапливать его лично для себя смысла не имело. Если же появлялись честолюбцы, чрезмерно стремящиеся к власти, их притязания ограничивало народное собрание, на котором сообща решались все важнейшие вопросы.

ДРЕВНИЙ МИР: ЖАЖДА БОГАТСТВА

Долгая эпоха «природного» эгоизма, который мог поддерживать равновесие с природой, закончилась приблизительно 10-12 тысяч лет до нашей эры, когда некоторые племена на Ближнем Востоке начали выращивать хлеб и разводить скот.

Это событие, которое ученые назвали «сельскохозяйственной революцией» (или неолитической), повернуло ход истории в другом направлении. Люди стали заниматься производящим хозяйством, то есть научились воспроизводить и умножать дары природы.

«Сельскохозяйственная революция» открыла путь для развития самых разнообразных потребностей, а следовательно, и для роста эгоизма. Однако прежде всего нужно было создать для этого прочную материальную базу. Поэтому неслучайно именно стремление к богатству вышло на первый план в эпоху неолита и особенно – Древнего мира. Благодаря накоплению богатств появилась частная собственность, возникло имущественное и социальное неравенство, государственная власть, вставшая над обществом, стало возможным строительство крупных ирригационных сооружений, городов и храмов, развитие торговли.

СРЕДНИЕ ВЕКА – СТРЕМЛЕНИЕ К ВЛАСТИ

Начиная с 1 тысячелетия до нашей эры и особенно в Средние века ведущим стало желание власти, славы, почестей. На протяжении этого времени создавались одна за другой огромные империи – мировые державы, которые насильственно объединяли в одно целое отдельные страны и многочисленные народы. Ассирийская империя, Вавилонская, Персидская, Римская, а затем – Арабский халифат, Византия, Османская империя, империи Чингисхана и Тимура… Порядок в них поддерживался с помощью разветвленного бюрократического аппарата и армии.

В эту эпоху было приложено много усилий для укрепления и совершенствования государственной власти и тех способов, с помощью которых можно управлять обществом. И одновременно совершенствовались методы ведения войны: появлялись новые виды оружия, конные войска, регулярный флот, инженерная и осадная техника, военная разведка, а затем ружья и пушки.

Эгоизм к этому времени сильно возрос, но его сдерживали религиозные нормы морали, представления о грехе и воздаянии на том свете. Кроме того, еще сохранялись, особенно в деревнях, традиции коллективизма.

НОВОЕ ВРЕМЯ – ЭПОХА СТРЕМЛЕНИЯ К ЗНАНИЯМ И КРАХ ТОТАЛЬНОГО ЭГОИЗМА

В XV–XVIII вв. только в одном регионе мира – в Западной Европе – эгоизм перешел в свою последнюю, завершающую стадию. На этом этапе главным стало стремление к знаниям. Одно за другим в обществе и в сознании человека происходили важные изменения, которые готовили «революционный» переворот. Великие географические открытия раздвинули границы мира, деятели Возрождения поставили на первый план ценность человеческой индивидуальности, Реформация разрушила веру в незыблемый авторитет церкви, капитализм «оправдал» стремление к накоплению материальных богатств и конкуренцию.

Но особое значение сыграла *научная революция,* которая положила начало научно-техническому прогрессу и вере в то, что человек, подобно Богу, способен изменить природу и создать совершенное общество, улучшая законы, развивая промышленность, торговлю, науку и технику.

Теперь эгоизм мог развиваться практически беспрепятственно. Эта стадия завершилась появлением в XX в. на Западе общества потребления, которое открыло уникальные возможности для удовлетворения любых потребностей – в том числе и «ложных», навязанных рекламой. Благодаря массовому производству и научным достижениям стало возможным желать чего угодно и в неограниченных количествах.

Появился и особый тип человека – **тотального эгоиста, нарцисса**, которого не интересуют социальные проблемы и окружающие люди, так как он любит только себя и заботится только о себе: о своем здоровье, карьере, материальном благополучии.

Цифры и факты

ВИРУС НАРЦИССИЗМА

Согласно исследованиям социологов, за последние 25 лет, с 1982 по 2007 гг., уровень нарциссизма у студентов вырос на 70%.

Возросло почти в 2 раза количество студентов, которые стремятся использовать ближнего ради личной выгоды, индивидуальный успех ставят выше работы в коллективе, считают себя лидерами и склонны злиться на критику в их адрес.

Цифры и факты

МЕНЬШЕ СИМПАТИИ

По данным Davis Interpersonal Reactivity Index, которые были опубликованы в 2010 г., начиная с 2000 г. симпатия к ближнему у студентов снизилась на 40% по сравнению с 80-ми и 90-ми годами. Студенты (было проверено 13700 человек на протяжении 30 лет) с каждым годом становятся все менее и менее чувствительными к проблемам ближнего.

В результате в современном обществе разрушаются связи между людьми, слабеет солидарность, угасает социальная активность, а сама личность эгоиста-нарцисса становится все более мелкой и пустой. Таков на сегодняшний день итог долгой истории человеческого эгоизма.

4.3. АЛЬТРУИЗМ ИЛИ ЛОВКО ЗАМАСКИРОВАННЫЙ ЭГОИЗМ?

Но неужели человек – такой законченный эгоист? Неужели он не способен на альтруистические поступки: бескорыстную помощь, самопожертвование, самоотдачу? Пусть не часто, не каждый день, но все-таки каждый из нас хотя бы один-два раза в жизни делал добрые дела.

К сожалению, научные исследования убедительно показывают, что мы заблуждаемся, считая себя «настоящими» альтруистами. **Человек способен лишь на эгоистический альтруизм, потому что мотивы, которые побуждают нас совершать альтруистические поступки, в действительности вполне эгоистичны.**

АЛЬТРУИЗМ ДЛЯ РОДСТВЕННИКОВ

Когда альтруист в ущерб себе помогает родственникам, он повинуясь древнему инстинкту, заботится о продолжении рода, старается спасти свои гены.

АЛЬТРУИЗМ С РАСЧЕТОМ НА ВЫГОДУ

Альтруистические поступки часто совершаются потому, что мы рассчитываем впоследствии что-то получить взамен, ведем себя по правилу «ты – мне, я – тебе». Мы можем себе в этом не признаваться, но втайне надеемся на ответное благородство или помощь и проявляем доброту чаще всего по отношению к тем, кто способен оправдать эти ожидания.

ДЕМОНСТРАТИВНЫЙ АЛЬТРУИЗМ

Проявляя альтруизм, мы – сознательно, а чаще неосознанно – стремимся поразить окружающих, произвести на них благоприятное впечатление, показав свои выдающиеся качества. В этом случае мы тоже надеемся на вознаграждение – не обязательно материальное, а в виде славы и похвал. Кому не хочется услышать, что он – герой? Ученые пришли к выводу: полностью исключить этот мотив невозможно ни при каких обстоятельствах. Людям всегда кажется, даже если их никто не видит, что кто-то (общество или Бог) обязательно оценит их самоотверженность и им воздастся за это – не на этом свете, так на том.

«СВОИ» И «ЧУЖИЕ»

Несовершенство человеческого альтруизма проявляется и в том, что он всегда направлен только на «своих». «Своими» могут быть не только родственники, но и единоверцы, люди той же национальности и расы, граждане своей страны или жители своего города. Число «своих» может достигать миллионов, но все равно им обязательно противостоят какие-то «чужие»: не-москвичи, не-русские, не-мусульмане, не-белые и т.д. На «чужих» альтруизм не распространяется, к ним обычно относятся с недоверием или откровенной враждебностью. И чем хуже отношения между «своими» и «чужими», тем сильнее становится альтруизм среди «своих».

Между тем, современная эпоха требует сломать перегородки, разделяющие «своих» и «чужих» в нашем сознании. ***В глобальном интегральном обществе альтруизм приобретает глобальные масштабы, распространяется на все человечество.***

АЛЬТРУИЗМ ИЛИ ЭГОИЗМ? ТРУДНОСТИ ВЫБОРА

У нас нет врожденных «программ», с помощью которых можно уравновешивать альтруизм и эгоизм. Это еще одно наше отличие от мира природы. Когда самопожертвование совершают животные, бактерии или клетки, они не испытывают сомнений, а просто следуют инстинктам – своего рода компьютерным программам, заложенным в них природой. Человеку приходится гораздо труднее – даже эгоистическому альтруисту. У него всегда есть право выбора: броситься на помощь, рискуя собой, или остаться в стороне. Мы всегда рассчитываем, какую цену придется заплатить за свой благородный поступок.

Зато, в отличие от животных и тем более бактерий, мы способны понять разницу между альтруизмом и эгоизмом, разобраться в себе, в мотивах своих поступков, оценить свое поведение и попробовать стать лучше.

АЛЬТРУИЗМ ПЕРЕДАЕТСЯ ПО НАСЛЕДСТВУ

Ученые доказали, что гены играют не меньшую роль в альтруистическом поведении, чем воспитание в семье и влияние общества. Сама природа закладывает в нас склонность к альтруизму и заботится о том, чтобы количество эгоистических альтруистов оставалось стабильным – 10 %. Число эгоистических альтруистов не очень велико, зато они – опора общества: независимо от эгоистических мотивов, результаты их поступков часто идут всем на пользу.

Например, художник наслаждается, рисуя картину, а потом продает ее за большие деньги и тоже получает большое удовольствие. Что же, в этом нет ничего плохого: его творение в дальнейшем даст радость людям. Ученый, делая открытие, получает за это очередную ученую степень, уважение коллег и прибавку к зарплате. Он вправе гордиться тем, чего добился, ведь его достижение может принести пользу всему человечеству.

Даже олигарх, покупая замки, яхты и самолеты, по сути, не приносит этим никакого вреда. Если, конечно, при этом никого не обманывает! А вдруг есть и такие? Он исправно платит налоги, создает новые рабочие места, строит заводы. Да, олигарх обогащается, используя труд других людей, но ведь он дает им возможность заработать.

Однако не будем забывать: это – *ненастоящий альтруизм*, поскольку в нем всегда в большей или меньшей степени присутствуют эгоистические расчеты. Чистый альтруизм пока нам недоступен и непонятен.

Тем не менее альтруизм, смешанный с эгоизмом, – далеко не худший случай. Наряду с ним существует и самый настоящий, ничем не замаскированный эгоизм, который стремится грубо использовать других людей, поступая вопреки их интересам, получать только для себя, отнимая что-то у других, в буквальном смысле жить за их счет.

4.4. СОЛИДАРНОСТЬ В РАЗДЕЛЕННОМ ОБЩЕСТВЕ

Что же происходит в обществе? Способно ли оно регулировать проявления эгоизма и альтруизма?

БЛАГО ОБЩЕСТВЕННОЕ И ЛИЧНОЕ

Современное общество имеет очень сложную структуру. Разделение труда достигло самого высокого уровня: тысячи разных профессий нужны для того, чтобы общество могло нормально существовать и развиваться. Выполняя свои обязанности, любой человек вносит свой вклад в общее дело, помогает работе большого общественного механизма – будь это дворник или профессор в университете, водитель автобуса, воспитатель в детском саду или инженер. Конечно, мы редко об этом задумываемся. Наша главная цель – получить от общества вознаграждение за свой труд в виде зарплаты, статуса, должности, социальных льгот и т.д. Именно на этом и строится солидарность в нашем эгоистическом обществе (а что еще мы могли создать, будучи эгоистами?). Каждый выполняет какую-то общественно полезную функцию, получает за это определенную награду, и «машина» работает.

Однако проблема заключается в том, что выполнение этих функций обычно не совпадает полностью с вознаграждением. Проще говоря, на свою зарплату человек не может удовлетворить все свои потребности. Помимо профессиональных, в обществе имеется много социальных групп, которые резко отличаются друг от друга по статусу и материальному достатку. И чем больше разрыв между богатыми и бедными, тем выше опасность конфликтов, тем слабее солидарность.

Как мы знаем, эгоистических альтруистов не так уж много. Поэтому у большинства «правильное» поведение – во благо всей общественной системе – сочетается с попытками действовать в своих личных эгоистических интересах, которые могут не совпадать с интересами общества или противоречить им. На словах, публично они могут осуждать нарушения законов и морали, а на самом деле используют любую возможность увеличить свое вознаграждение.

АЛЬТРУИЗМ ПОНЕВОЛЕ

Общество старается нейтрализовать эгоизм, подавить или поставить его себе на службу, иначе оно погибнет в хаосе распрей и всеобщего беззакония. Но полностью справиться с воинствующим эгоизмом не удается; до сих пор его можно было только сдерживать – с большим или меньшим успехом. Для этого существуют законы и моральные нормы, различные поощрения, материальные стимулы и, конечно, наказания. Законы, принятые в обществе, заставляют нас укрощать свой эгоизм и «притворяться» альтруистами, даже если нам не очень этого хочется. Например, люди платят налоги, жертвуя часть своих доходов на социальные нужды. Но они делают это вовсе не по доброте душевной, а потому, что, во-первых, другие делают то же самое, а, во-вторых, неплательщиков могут наказать. Многих отъявленных эгоистов сдерживает страх перед тюрьмой или публичным скандалом, дурной славой в средствах массовой информации. Однако они не перестают быть эгоистами и, как правило, находят уловки, которые позволяют им ускользнуть от контроля общества.

Поэтому солидарность в нашем обществе крайне поверхностна, неустойчива. Хотя жизнь в обществе и приучает нас считаться с интересами других и временами даже ощущать себя частью целого, однако эгоизм лидирует и всегда готов прорваться сквозь тонкую оболочку принудительного альтруизма.

4.5. ЗАЧЕМ НУЖЕН ЭГОИЗМ?

Непрерывный рост эгоистических желаний не следует считать злом или ошибкой природы, его нужно рассматривать как необходимый, естественный путь развития человека.

ЭГОИЗМ – ДВИЖУЩАЯ СИЛА ИСТОРИИ
Подгоняемое эгоизмом человечество двигалось вперед.
Желание богатства порождало алчность, неравенство, нищету. Однако благодаря стремлению к материальным благам совершенствовалась техника, транспортные средства и торговля, расширялись площади возделанной земли, быт становился более комфортным, появлялись города, величественные храмы и дворцы. Одним словом, создавалась новая, «искусственная» среда обитания, в которой развивались общество и культура.

Жажда власти и славы была источником интриг, ожесточенной политической борьбы и кровавых войн. Но это же желание помогало создавать и укреплять государство, развивать политическую жизнь, улучшать законодательство. Благодаря этому желанию появлялись не только выдающиеся полководцы или государственные деятели, но и писатели, философы, композиторы, которые добивались известности и становились «владыками умов».

Стремление к знаниям дало науку, которая открывала тайны мироздания и человеческой натуры, ускоряла технический прогресс, облегчая нашу жизнь. Но та же наука «подарила» атомную бомбу, химическое и бактериологическое оружие, приучила бездумно и беспощадно эксплуатировать природу и верить в нашу вседозволенность.

Так было на протяжении многих тысячелетий: эгоистические желания служили для человечества своего рода «приманками». Следуя за ними, человечество прошло большой путь: совершало научные открытия и революции, покоряло природу и осваивало новые земли, создавало новые виды общественного устройства, развивало культуру. И при этом всегда возлагало надежды на светлое будущее – для себя или для потомков. Долгое время нас утешала идея прогресса – вера в то, что следующее поколение обязательно будет жить лучше, чем предыдущее, потому что история идет по восходящей линии, от плохого к хорошему.

РАЗРУШИТЕЛЬНОСТЬ СОВРЕМЕННОГО ЭГОИЗМА

Но в наши дни все изменилось: *эгоизм исчерпал свои возможности.* Развиваться дальше и играть роль главной движущей силы истории он не способен. Это приведет человечество к гибели – на самое дно пропасти, у края которой мы уже стоим. Эгоистический «мотор» истории стал глохнуть, «приманки» эгоистических желаний утрачивают свою прежнюю привлекательность, желание получать лишается стимулов для продолжения «забега». *И самое главное – эгоизм с каждым днем все больше раскрывает свою разрушительную силу, а сила созидательная сходит на нет.* Он представляет теперь прямую угрозу и для общества, и для природы, и для самого человека – его носителя. Подобно раковой опухоли, эгоизм уничтожает все вокруг и, в конечном счете самого себя.

И неслучайно это происходит именно сейчас, когда мы стали связаны друг с другом, как клетки одного организма, когда нам некуда бежать друг от друга на этой планете, которая кажется теперь слишком маленькой и тесной. Пока взаимосвязи были слабыми, дисгармония в обществе, построенном на эгоистических основаниях, не проявлялась так остро: конфликты периодически вспыхивали, но их удавалось погасить или хотя бы сгладить, добиться временного согласия.

Теперь, когда интеграция усиливается с каждым годом, несостоятельность такого общества становится все более очевидной. Представьте людей, которые долго плыли в своих лодках – каждый сам по себе. А потом все они вдруг оказались в одной, но по привычке продолжают грести в разных направлениях. Что с ними будет? Лодка не сдвинется с места или пойдет ко дну. Современное человечество оказалось именно в такой ситуации. Все хотят жить по-прежнему: самостоятельно и только для себя, используя других в собственных интересах, хотя «шторм» уже приближается.

Какой же можно придумать выход? Положение вовсе не безнадежно, и в следующих параграфах мы покажем, как его исправить.

ПОДВЕДЕМ ИТОГИ

В отличие от природного, животного эгоизма эгоизм человека развивается, и любые его желания могут возрастать до бесконечности, выходя далеко за рамки необходимого.

Эгоизм – желание получать для себя – является главным свойством человека, и мотивы, которые заставляют его совершать альтруистические на первый взгляд поступки, в действительности эгоистичны. Они продиктованы желанием получить что-то взамен, добиться одобрения окружающих или страхом перед наказанием.

Тем не менее, в отличие от представителей животного мира, которые поступают альтруистически, повинуясь инстинктам, люди способны понять разницу между эгоизмом и альтруизмом и попытаться изменить себя, поднявшись на новый уровень осознанности естественного процесса развития.

Рост эгоизма на определенном этапе истории был необходим: он побуждал человечество двигаться вперед, создавать цивилизацию, развивать экономику, государство, науку. Однако в наши дни, когда человечество стало взаимосвязанным и взаимозависимым, эгоизм исчерпал свои возможности, стал разрушительной силой, которая представляет угрозу для человека, общества и Природы.

ВОПРОСЫ К ПРОЙДЕННОМУ МАТЕРИАЛУ

1. Чем отличается природный эгоизм от человеческого?
2. Как развивался эгоизм на протяжении человеческой истории? Дайте характеристику основных этапов.
3. Какие признаки указывают на то, что эгоизм исчерпал свой созидательный потенциал?
4. Почему солидарность в обществе всегда несовершенна? На чем она основана?

5. Почему человеческий альтруизм называют замаскированным эгоизмом?

ТЕМЫ ДЛЯ ОБСУЖДЕНИЯ

- Зачем нужен эгоизм и какова цель его развития?
- Вспомните, каким образом уравновешивается сила эгоизма в природе и обществе. Какие способы кажутся вам наиболее привлекательными и эффективными? Можно ли придумать новые, более совершенные?

УРОК 5.
ВОЗМОЖНО ЛИ ПОСТРОЕНИЕ ИНТЕГРАЛЬНОГО ОБЩЕСТВА?

5.1. Эгоистическое «общественное животное»
5.2. Задатки к интегральности
5.3. Особенности интегрального общества
5.4. Путь к интегральности в эпоху «электронного разума»
Подведем итоги
Вопросы к пройденному материалу
Темы для обсуждения

Эгоизм отделяет нас от многочисленных «других» мощными крепостными стенами, побуждает относиться к окружающим равнодушно или враждебно, использовать их в своих целях. Это – неотъемлемая особенность человеческой натуры, которая стала проявляться тысячелетия назад. И мы уже с трудом представляем, что может быть иначе.

> «…ничего на свете не признают они хорошим, кроме того, что приносит выгоду, и к друзьям относятся как к животным: любят больше всего тех, от кого надеются получить пользу».
>
> *(Цицерон, римский философ и оратор)*

Общество, выстроенное на эгоистических основаниях, казалось бы, ежедневно убеждает нас, что альтернативы нет – особенно сейчас, когда отчуждение между людьми достигло апогея. Но так ли уж велика пропасть, отгораживающая каждого из нас от «других» – близких и далеких, от нашего окружения и человечества в целом? На самом деле пропасти нет, и это факт, который подтверждается серьезными научными исследованиями. Они показывают, что *в самой природе человека наряду с эгоизмом заложены возможности для создания неэгоистических отношений и общества нового типа*.

Ведь все мы принадлежим одному человеческому роду, являемся частицами одного целого – человечества, имеем общую историю и общую судьбу. Древние охотники и жители современных мегаполисов, обитатели Африки, Китая или США – при всех различиях нас многое объединяет: наша физиология, эмоции и желания, стремление постичь и освоить окружающий мир, созидать культуру и цивилизацию.

5.1. ЭГОИСТИЧЕСКОЕ «ОБЩЕСТВЕННОЕ ЖИВОТНОЕ»

Фраза «человек есть общественное животное», которую несколько тысячелетий назад сказал древнегреческий философ Аристотель, хорошо известна и звучит почти банально. Что же она означает? Ее смысл гораздо глубже, чем может показаться на первый взгляд.

«Ибо насколько человеческой личности присущ эгоизм, настолько ей присуща и потребность быть частью того или иного общественного целого».

(Ф. Фукуяма, американский социолог[6])

МЫ СТАНОВИМСЯ ЛЮДЬМИ ТОЛЬКО В ЧЕЛОВЕЧЕСКОМ ОКРУЖЕНИИ

Все мы, конечно, читали в детстве прекрасную книгу Р. Киплинга «Маугли» – историю мальчика, который вырос в стае волков, усвоил законы джунглей, и это нисколько не помешало ему приобрести все лучшие человеческие качества, а может быть, даже помогло. История реальных «Маугли» (их известно около 50) гораздо трагичнее. Дети, которых выкормили и воспитали животные, снова оказавшись в человеческом обществе, в лучшем случае спустя мно-

---

[6] Фукуяма Ф. Доверие: социальные добродетели и путь к процветанию. – М., 2004. – С. 19.

го лет овладевали простейшими навыками: носить одежду, есть не сырую, а приготовленную пищу, пользоваться вилкой и ложкой, произносить несколько слов... Полностью «превратиться» в людей им так и не удалось, потому что время было безвозвратно упущено: в раннем детстве никто не обучал их речи, прямохождению, навыкам социального поведения.

ПОТРЕБНОСТЬ В СОЦИАЛЬНЫХ СВЯЗЯХ ДАНА НАМ ОТ РОЖДЕНИЯ

Эта потребность – первичная, наиболее естественная для человека, не требующая обучения. Она проявляется уже у младенцев, когда их разлучают с матерью – самым главным на этом этапе «социальным партнером». Ребенок сразу начинает плакать и кричать, сигнализируя о бедствии. Потом протест сменяется отчаянием и ощущением беспомощности, а в результате пропадают аппетит и сон, начинается упадок сил.

Общение с людьми и чувство социального комфорта нужны не только в раннем детстве – в любом возрасте мы остро переживаем одиночество, разъединенность и просто отсутствие хороших, добрых отношений. Неважно, как мы относимся к одиночеству: наш организм реагирует по-своему, почти так же, как в детстве. У взрослых людей тоже нарушается сон, возникает физическая слабость, нервозность, а кроме того, ухудшается деятельность сердечно-сосудистой системы, падает иммунитет. Почему это происходит?

СОЦИАЛЬНЫЕ СВЯЗИ НУЖНЫ НАМ НА УРОВНЕ ФИЗИОЛОГИИ

Мозг любого человека, даже здорового, реагирует на социальную изоляцию точно так же, как и на физическую боль. Это явление так и назвали – «социальная боль». Оказывается, социальные связи, особенно хорошие, способствуют выделению «гормона любви» – окситоцина, который вызывает чувство доверия и безопасности, и эндорфинов – «гормонов удовольствия». Эти гормоны (биологически активные вещества, нейромедиаторы) благотворно влияют на физическое и психическое состояние человека, а их нехватка, наоборот, приводит к негативным последствиям. В 2003 г. сотрудники Цюрихского университета (Швейцария) выяснили, что у пациентов, лишенных социальной поддержки, в организме выделяется особый гормон – кортизол, который с течением времени приводит к ухудшению здоровья, нарушениям памяти, росту тревожности и т.д. Еще ранее исследования, проведенные в Йельском университете, показали, что люди, находящиеся в социальной изоляции, чаще умирают от тех или иных болезней.

Итак, наш организм «запрограммирован» самой Природой на прочные и хорошие социальные связи, на близость к окружающим, и его нормальная работа во многом зависит именно от этого.

СЧАСТЬЕ И ХОРОШИЕ СОЦИАЛЬНЫЕ ОТНОШЕНИЯ

Канадский экономист Джон Холливелл, принимавший участие в подготовке «Глобального доклада о мировом счастье 2012» (этот проект реализовался под эгидой ООН), проводил исследования в течение почти 20 лет. И вот выводы, к которым он пришел:
- *хорошие социальные связи приносят больше удовлетворения, чем деньги*, хотя и деньги, конечно, тоже вносят свой вклад в ощущение счастья;
- *доверие* – например, между подчиненными и начальством вызывает ощущение счастья и удовлетворенности в той же степени, что и повышение зарплаты на 30 %;
- *чувство принадлежности к какой-либо общности* тоже является одним из факторов счастья. Причем чем эта общность меньше, тем больше счастья ощущает человек. Не случайно жители небольших поселений гораздо счастливее жителей крупных городов: им легче познакомиться с соседями и построить отношения, основанные на доверии.

Ученые предполагают, что наши биологические ритмы зависят не только от ритмов природных (смена дня и ночи, сезонов, циклов убывания и прибывания луны), но и от ритмов социальных. Хорошие социальные связи, основанные на любви, доверии, взаимной симпатии, дают очень важный для человека эффект психологической синхронизации. Мы плохо себя чувствуем, если не подчиняемся простейшему природному ритму – смене дня и ночи. Не менее важно и ощущение «синхронности» с другими людьми.

СОТРУДНИЧЕСТВО ДАЕТ БОЛЬШЕ РЕЗУЛЬТАТОВ, ЧЕМ КОНКУРЕНЦИЯ

В 2008 г. были опубликованы данные о грандиозном сравнительном исследовании роли конкуренции и сотрудничества, которое провели специалисты из университета Миннесоты (США). В экспериментах принимали участие более 17000 человек. Оказалось, что, вопреки распространенному мнению, сотрудничество во многих отношениях гораздо полезнее, чем конкуренция, хотя она побуждает людей соперничать и добиваться лучших результатов. Дружный коллектив работает слаженно и более продуктивно. В комфортной обстановке у людей повышается самооценка и усиливается желание работать.

Цифры и факты

НЕВЕРОЯТНАЯ ИСТОРИЯ О ТОМ, КАК ЭСТОНИЮ ОЧИСТИЛИ ОТ МУСОРА ЗА 6 ЧАСОВ

Несколько лет назад в Эстонии была проведена уникальная кампания «Сделаем 2008» – с целью убрать мусор, скопившийся в лесах и на обочинах дорог. Организовали эту кампанию 600 волонтеров, причем на рекламу не было израсходовано ни копейки. Результаты превзошли все ожидания: 3 мая 2008 г. более 50000 человек дружно вышли на улицу и собрали почти 10000 тонн мусора. Государству пришлось бы потратить на это огромные суммы, и работа растянулась бы года на три. Жители Эстонии, которые любят свою землю и хотят жить в чистой уютной стране, объединили усилия и справились с задачей всего за один день.

5.2. ЗАДАТКИ К ИНТЕГРАЛЬНОСТИ

Преимущества хороших социальных отношений совершенно очевидны, и, конечно, не только благодаря экспериментам социологов и психологов. Любой человек осознает эти преимущества, руководствуясь собственным житейским опытом. Каждый из нас инстинктивно тянется к тем, кто способен на дружбу, сотрудничество, взаимопомощь, и столь же инстинктивно отстраняется от людей, которые не умеют строить нормальные отношения, на которых нельзя положиться.

Взаимная симпатия, взаимная поддержка, честное выполнение обязательств – все это, разумеется, очень ценные качества, но не стоит забывать, что они могут иметь поверхностный и даже формальный характер. Стараясь построить хорошие, добрые отношения в коллективе, мы часто делаем это, следуя заученным с детства правилам поведения или исходя из чисто эгоистических деловых соображений. Такие связи глубоко нас не затрагивают, мы остаемся замкнутыми на себе, существуем отдельно от других.

Сообщество, возникшее на такой основе, нельзя назвать интегральным. Вспомним: в интегральной системе каждый отдельный «индивид» (бактерия, растение, животное, популяция и т.д.) ведет себя так, словно является частью одного большого организма, хотя не забывает и о своих интересах. Может ли ощущать нечто подобное и человек – самое эгоистическое существо в Природе? Может, потому что для этого есть определенные основания.

МЫ «НАСТРОЕНЫ» ДРУГ НА ДРУГА

Что такое сочувствие? Это слово обычно понимается как умение пожалеть собеседника. На самом деле со-чувствие – это способность чувствовать то же самое, что и другой человек, переживать с ним вместе те же эмоции и ощущения. Ученые обнаружили: о чем бы нам ни рассказывали, благодаря так называемым зеркальным нейронам в нашем мозге – независимо от нашего желания – возбуждаются соответствующие нервные центры: отвращения, гнева, боли, радости. Как будто все это переживаем мы сами, а не только собеседник. Причем, неважно, кто этот собеседник – близкий или совершенно чужой человек; не имеет значения, к какой национальности и культуре он принадлежит.

Чаще всего мы не замечаем или не хотим замечать, что с нами происходит, подавляем в себе сочувствие, но полностью победить природу нельзя. Попробуйте поставить эксперимент и проверьте, какие ощущения вы испытываете, когда собеседник эмоционально рассказывает о чем-то очень важном для него.

МЫ МОЖЕМ СОЗДАТЬ ГИПЕРЛИЧНОСТЬ

Правда, это происходит редко и обычно длится недолго. На какое-то время все мы вполне способны «размыкаться» вовне, выходить за пределы своей эгоистической капсулы и включаться в других настолько, что в результате образуется не просто хороший дружный коллектив, а нечто большее – гиперличность. Несколько человек становятся интегральной системой: думают, чувствуют и действуют вместе с другими и через других как одно целое.

Приведем самый простой и знакомый многим пример: отношения влюбленных или горячо любящих супругов, которые так «настроены» друг на друга, что понимают своего партнера без слов, даже на расстоянии улавливают его настроение, не спрашивая, знают, что ему нужно. Любящие, в сущности, сами того не осознавая, создают крохотную интегральную систему, гиперличность из двух человек. Каждый из них, как мы знаем по собственному опыту, может оставаться вполне самостоятельным и даже быть эгоистом, но – только до известных пределов. Иначе интегральная система распадется, глубинная связь исчезнет, и гиперличность превратится в обычный союз двух людей, которые по ряду причин предпочитают жить вместе.

Взаимовключенность – основа интегральных отношений. Она может возникнуть и между большим количеством людей – например, в коллективе, который воодушевлен какой-то идеей, проектом, совместной работой. Тогда между людьми формируется особая связь. Отдельные личности как бы срастаются и, не теряя свои индивидуальные черты, действуют согласованно, синхронно.

А в результате приобретают нечто новое, так как каждый получает что-то от других: их эмоции, энергию, знания и умения. Люди «подпитывают» друг друга, дополняют и расширяют свои «Я». И при этом в каждом с особой силой начинают проявляться все его внутренние ресурсы, о которых он, возможно, и не подозревает. Человек, не теряя себя, становится частью системы и расширяет свои границы. Такие состояния часто возникают, например, у спортсменов во время соревнования, когда вся команда превращается в единый, слаженно работающий организм.

В критических ситуациях глубинные незримые связи охватывают целую страну. Вспомним, как Л. Толстой в своем романе «Война и мир» описывал поведение народа в 1812 г., когда войска Наполеона подходили к самой Москве. Совершенно разные люди из разных слоев общества, живущие в разных концах страны, – и крепостные, и купцы, и дворяне – вдруг стали действовать целенаправленно и слаженно, словно они подчинялись какому-то единому плану или сговорились друг с другом. И именно эта согласованность обеспечила победу.

КОЛЛЕКТИВНЫЙ ИНТЕЛЛЕКТ СУЩЕСТВУЕТ

Биологи выяснили, что многие живые организмы могут принимать коллективные решения и благодаря этому действуют, координируясь друг с другом. Так, в популяции бактерий, каждая из которых представляет собой отдельный самостоятельный организм, согласованность достигается с помощью химического «голосования». Бактерии выделяют особое сигнальное вещество, и когда его концентрация достигает определенного уровня, все они дружно меняют поведение: например, собираются вместе, образуя большие скопления.

Эксперименты показали, что решения, принятые коллективом животных, часто являются более быстрыми и эффективными, чем решения отдельных особей. Стайки рыб быстрее и точнее распознают хищника, чем отдельные рыбы. Рыбы, очевидно, умеют доверять друг другу, повторяют действия своих товарищей и получают от этого взаимную выгоду.

А что же происходит у людей? Несмотря на то, что эгоизм нас разъединяет, коллективный интеллект есть и у нас. Психологи, которые занимаются проблемой повышения работоспособности коллективов, провели большое количество экспериментов, и все они показали, что одиночки, даже самые умные, справляются с поставленными задачами хуже, чем группа. Отсюда и популярность модного в наши дни метода «мозгового штурма», в котором принимают участие много людей.

> **Цифры и факты**
>
> *Американские ученые попытались измерить коллективный разум: проверили 699 человек, разделив их на небольшие группы (от двух до пяти человек). Выяснилось, что коллективный интеллект действительно существует и работает. 40-50% успеха в решении тех или иных проблем зависит от так называемого фактора C (от слова collective). При этом, к немалому удивлению ученых, оказалось, что индивидуальные IQ слабо связаны с результатами работы группы, то есть индивидуальный вклад играет не такую уж большую роль. Гораздо важнее социальная восприимчивость членов группы, все та же способность «настраиваться» на окружающих и включаться в них. А вот склонность к доминированию, наоборот, снижает эффективность. Люди, стремящиеся к доминированию, говорят громче других, стараются как можно чаще выразить свое мнение и оставляют другим меньше возможностей проявить себя*[7].

5.3. ОСОБЕННОСТИ ИНТЕГРАЛЬНОГО ОБЩЕСТВА

Итак, все мы обладаем задатками, необходимыми для построения интегральных отношений. Но обычно используем эти возможности только в особых ситуациях, от случая к случаю. И

---

[7] *Марков А.* Эволюция человека. Ч. II. Обезьяны, нейроны и душа. – М., 2011. – С. 266–274.

неудивительно: в обществе, приспособленном для развития эгоизма, способность к интегральности была невостребованной, она подавлялась и вытеснялась на задний план, а потому осталась неразвитой. Действительно, зачем были нужны интегральные отношения на этапе, когда человечество отрабатывало разные виды эгоистических желаний? Гораздо более важное значение имела конкуренция, соревновательность, и ей соответствовала внешняя, поверхностная солидарность.

ИНТЕГРАЛЬНОСТЬ И ЭГОИЗМ

Но сейчас, когда эгоизм завершает свою эволюцию, ситуация в корне меняется. Интегральность уже формируется объективно, независимо от нашего желания, проявляясь в виде глобальной взаимозависимости, о которой шла речь на первом занятии. В этих новых условиях интегральные отношения постепенно будут выходить на первый план, станут единственно возможными и правильными. Сама жизнь будет подталкивать к этому человечество. **Число ситуаций, в которых понадобятся именно интегральные отношения, будет возрастать. И будет нарастать стремление к единению, к существованию не в себе – в своем эгоистическом коконе, а вне себя – в той общей реальности, которая создавалась и создается человечеством.**

В наши дни, как вы уже знаете, взаимосвязи и взаимозависимости между людьми стали достаточно явными. Однако это – только начало: пока мы еще не ощущаем в полной мере их давление, у нас еще есть возможность временами ускользать от них, хотя на самом деле каждый из нас – независимо от своего желания – уже включен в общую реальность. И эта тенденция будет неуклонно усиливаться: общая реальность будет все сильнее вторгаться в жизнь отдельных обществ и индивидов, взаимозависимость будет ощущаться все острее и болезненнее.

Поэтому сначала главной силой, подталкивающей человека к интегральности, станет все тот же эгоизм, желание существовать. Инстинкт самосохранения вынудит нас приспосабливаться к новым условиям и стараться сделать взаимозависимость более комфортной – раз уж ее нельзя избежать. И нам придется учиться работать со своим эгоизмом, приручать его и использовать в альтруистических целях, надстраивать над ним альтруизм.

Интегральность будет расти в отдельных группах, обществах, а потом и в рамках всего человечества, объединяя его в глобальное интегральное общество.

Как приручить свой эгоизм?

Мы ни в коем случае не предлагаем искоренить эгоизм вообще, как это пытаются делать, например, буддисты, которые уничтожают все свои желания («привязанности»). Не стоит забывать: наши желания приподнимают нас над царством растений и животных, на протяжении долгого времени они давали импульс для развития человечества. Не имеет смысла и стараться сократить свой эгоизм: многого ли мы добьемся, став из больших эгоистов – маленькими? Наша жизнь от этого принципиально не изменится.

Но мы можем «перепрограммировать» свой эгоизм, поменять его траекторию, направить всю его огромную мощь во благо. Это будет совершенно новая, очень интересная, увлекательная работа: использовать не только наши знания и способности, но также зависть, тщеславие, властолюбие, хитрость и жадность конструктивно – так, чтобы эти качества (до тех пор, пока они исчезнут) приносили пользу, а не зло.

Чтобы осуществить работу по приручению эгоизма, потребуются два «помощника». Во-первых, разум: при его поддержке мы будем проверять себя, ловить на ошибках и исправлять их, постепенно, шаг за шагом продвигаясь вперед. Во-вторых, правильное окружение. Общаясь с людьми, которые ставят те же цели и, возможно, преуспели в этом гораздо больше, мы будем стараться превзойти их или хотя бы стать похожими на них. Таким образом, умело манипулируя завистью и тщеславием, мы сумеем подчинить их своей воле и намерению быть не «потребителями», а дающими.

ОСНОВЫ ИНТЕГРАЛЬНОГО ОБЩЕСТВА

Интегральное общество будет разительно отличаться от эгоистического общества, в котором мы живем сейчас, поскольку его основы, принципы его устройства будут совершенно иными, непривычными для нас.

В интегральном обществе значимость каждого отдельного человека неизмеримо выше, чем в обычном обществе. От каждого зависят все, и, следовательно, гораздо сильнее становится **взаимная ответственность, или взаимное поручительство**. Поэтому недостаточно будет просто честно выполнять свои обязанности и следовать нормам морали. Ведь ответственность не распределяется поровну между всеми и не возлагается на кого-то выборочно. У любого человека она такая же, как у всех вместе взятых.

Соответственно, на первый план выдвигается принцип взаимного поручительства: каждый отвечает за всех и за состояние общества в целом.

Нет «правых» и «виноватых», «хороших» и «плохих» – каждый является соучастником и плохого, и хорошего.

В интегральном обществе наши индивидуальные черты не сглаживаются, не подавляются – наоборот, многообразие играет важнейшую роль. Иначе интегральная система будет неполной, несовершенной, в ней будет не хватать каких-то звеньев, и она не сможет правильно работать. Каждый человек вмещает в себя все общество и одновременно является его элементом – особенным, неповторимым и совершенно необходимым. Каждый включает в себя других, оставаясь при этом самим собой. Действует от своего лица и вместе с тем – от лица системы. Миллиарды маленьких «я» будут ощущать себя одним большим «МЫ», не «колесиками и винтиками» бездушного механизма, а живыми и особенными элементами огромной живой системы, которая включает в себя человечество и природу.

5.4. ПУТЬ К ИНТЕГРАЛЬНОСТИ В ЭПОХУ «ЭЛЕКТРОННОГО РАЗУМА»

ОБЪЕДИНЯЮЩАЯ СИЛА ЭЛЕКТРОННОЙ СЕТИ

Еще лет 20-30 назад, когда информационные технологии только начали завоевывать мир, появились надежды на то, что по индивидуализму будет нанесен мощный удар и люди сплотятся. Действительно, теперь благодаря телевидению и интернету мы являемся соучастниками событий, происходящих в самых отдаленных уголках мира. Современный человек, находясь в информационной сети, может легко и быстро установить связь с любыми людьми – и знакомыми, и незнакомыми в разных странах и на разных континентах. А это, конечно, усиливает ощущение, что все мы живем в едином пространстве, на одной Земле, которая в последнее время стала казаться все более хрупкой и маленькой.

Оптимисты, возлагающие на них все свои надежды, утверждают, что электронная сеть, охватывающая планету, превращается в своего рода «нервную систему» человечества. По ней передаются импульсы, которые способны объединить все население Земли и создать единый коллективный разум – гипермозг, надстроенный над индивидуальными сознаниями. И основой для этого будут дискуссии, переговоры, обмен опытом, знаниями, чувствами миллионов людей, связанных сетью.

Цифры и факты

Поиски глобального разума. *«Проект Глобальное сознание» (Global Consciousness Project) объединил ученых, которые, начиная с 1998 г., исследуют случайные данные, идеи, мнения, появляющиеся в компьютерных сетях. Руководитель проекта Р. Нельсон считает, что говорить о зарождении глобального разума еще рано, и все-таки имеются некоторые его проблески, которые указывают на возникающий резонанс умов. Global Consciousness Project.*

С оптимистами в чем-то можно согласиться. Потоки информации, вторгаясь в наше сознание, казалось бы, оставляют очень немного возможности изолироваться от окружающего мира, создают у нас ощущение личного участия в событиях и личной ответственности за судьбы других людей и планеты. Обмен мыслями через электронную почту, сетевые игры, блоги и форумы, конечно, расширяет наше сознание и наше восприятие мира. Благодаря интернету появляются новые социальные группы: виртуальные сетевые сообщества. Их участники – представители разных национальностей, культур, конфессий – связаны друг с другом общими интересами, взглядами, увлечениями или жизненными целями. Информационные технологии открывают огромные возможности для очень широкого обсуждения важных проблем и принятия коллективных решений.

СТОИТ ЛИ РАССЧИТЫВАТЬ ТОЛЬКО НА ТЕХНОЛОГИИ?

Глобальные коммуникации, создавшие вокруг человека новую среду, являются лишь техническим инструментом, который можно использовать в разных целях и который сам по себе не сделает нас лучше, добрее, терпимее.

Интернет не в силах изменить нашу эгоистическую природу и одержать победу над индивидуализмом, избавить нас от взаимного отчуждения, страха, ненависти, отказаться от неправильных идей, выйти за пределы нашего мировоззрения и по-настоящему понять другого или прийти к согласию в трудных ситуациях.

Социологи отмечают, что во время просмотра телерепортажей сочувствие чужим трагедиям и проблемам чаще всего является весьма поверхностным. Даже самые искренние сопереживания обычно не длятся долго и заканчиваются вместе с выпуском новостей. Ведь зрители понимают, что у них нет возможности как-то повлиять на происходящее. Кроме того, обилие негативной информации о насилии, жестокости, стихийных бедствиях порождает обратную реакцию – отторжение, нежелание впускать ее в себя. В последнее время многие стараются создать свое собственное комфортное информационное пространство, и сделать это просто: достаточно переключить телевизор на другую программу.

Общение в интернете может оказаться таким же поверхностным и иллюзорным. Люди часто используют социальные сети только для того, чтобы создать себе новый, более привлекательный облик: ведь виртуальная реальность позволяет изменить свой пол, возраст, внешность, социальное положение.

Глобальные информационные сети не случайно появились именно сейчас, когда перед человечеством встала задача объе-

диниться и ощутить себя единым целым. Но интегральное общество – всемирное общество соучастия – возникнет только тогда, когда изменится человек, нормы его поведения, идеалы и ценности, его отношение к другим людям и к природе. Поэтому нам нужен не только глобальный мозг, но и глобальное сердце, не только умение коллективно принимать решения, но чувствовать других и через других воспринимать мир.

Новые интегральные отношения и общество нового типа нельзя создать искусственно, по приказу «сверху». Они должны вырасти органично, постепенно вытесняя все устаревшее и неэффективное. Однако на этот переворот история отвела нам очень мало времени. Глобальный кризис показывает: у человечества нет тысячелетий или столетий для медленной плавной перестройки. Чтобы избежать глобальных катастроф и глобальных потерь, нужно помогать рождению интегральности, поддерживать и ускорять этот процесс. И здесь многое зависит от каждого из нас. Что же предпринять? С чего следует начинать? Именно этим важным вопросам будет посвящен следующий урок.

ПОДВЕДЕМ ИТОГИ

Несмотря на разделяющий нас эгоизм, мы способны построить общество, основанное на интегральных отношениях. В самой природе человека заложена потребность в тесных связях с другими людьми: благодаря этому он становится человеком, может проявить и усовершенствовать свои способности. Хорошие, добрые социальные связи дают ему здоровье, уверенность в себе, ощущение счастья, благополучия, защищенности.

У каждого из нас есть потенциал для формирования высших, интегральных отношений, которые объединят все человечество в единую гиперличность.

В эгоистическом обществе интегральные отношения не были востребованы, но сейчас, в эпоху глобальной взаимозависимости они станут единственно возможными. В этом нам помогут новые информационные технологии, но главным остается человек – его желание изменить себя, свои идеалы и цели, поведение, отношение к другим людям и к Природе.

ВОПРОСЫ К ПРОЙДЕННОМУ МАТЕРИАЛУ

1. Как вы понимаете смысл определения человека – «эгоистическое общественное животное»?
2. Каким потенциалом мы располагаем для формирования интегральных отношений?
3. Почему этот потенциал используется только в исключительных случаях?
4. Перечислите основные принципы интегрального общества и сравните с теми принципами, на которых строится современное общество.
5. Какую роль в формировании интегрального общества должна сыграть глобальная электронная сеть? Что еще необходимо для развития интегральных отношений?

ТЕМЫ ДЛЯ ОБСУЖДЕНИЯ

- Почему взаимовключенность играет важнейшую роль в интегральных отношениях? Как ее создать?
- Как мы можем «приручать» свой эгоизм и надстраивать над ним альтруизм?

УРОК 6.
ОБЩЕСТВО И ОБЩНОСТЬ: ВЫБОР ОКРУЖЕНИЯ

6.1. Из чего состоит наша индивидуальность?
6.2. Мы – конформисты
6.3. Как создать новое общество?
Подведем итоги
Вопросы к пройденному материалу
Темы для обсуждения

На прошлом уроке мы выяснили, что путь к новому обществу начинается с преобразования человека. Но как следует создавать нового человека? Сколько раз это уже пытались сделать политики и религиозные деятели, используя убеждение и принуждение, взывая то к сердцу, то к разуму, распространяя знания, устраивая революции или проводя реформы! Увы, все их усилия были тщетны, и высокая цель совершенствования человека так и не была достигнута. Так каким же образом нам переделать себя? С чего начать? И вообще возможно ли это? Ведь речь идет не просто о хорошем человеке, а о «человеке интегральном», который должен развить в себе едва намеченную склонность к интегральности и научиться сочетать ее со своим эгоизмом, «приручить» его и поставить себе на службу. Способны ли мы пересоздать себя сами? Если способны, значит, мы обладаем свободой воли. А вот есть ли она у человека – это сложный философский вопрос. Поэтому, прежде чем говорить о формировании «человека интегрального», давайте определим, в чем состоит наша свобода, каковы ее границы, что мы можем изменить, а что – нет.

6.1. ИЗ ЧЕГО СОСТОИТ НАША ИНДИВИДУАЛЬНОСТЬ?

Каждый из нас искренне уверен в том, что совершенно не похож на других и является уникальной личностью, единственной и неповторимой. Мы убеждены также, что можем сами строить свою жизнь – стоит только повзрослеть и выйти из-под опеки родителей. На самом деле все это верно лишь отчасти.

Прежде всего попробуем разобраться, что именно в нашем характере, привычках, вкусах, образе жизни и взглядах действительно наше, принадлежит только нам и никому больше, а что появляется в результате воздействия каких-то других факторов и от нас не зависит.

НАШ ГЕНЕТИЧЕСКИЙ БАГАЖ

Очень многое «закладывается» в нас еще до рождения благодаря генетическому наследованию. От наших родителей, дедушек и бабушек и более далеких предков нам передаются некоторые черты характера и внешности, заболевания или предрасположенность к ним, таланты и интересы.

Вы уже знаете, что, например, способность к «чистому» альтруизму зависит по преимуществу от генов. И этим дело, конечно, не ограничивается. Генетики утверждают, что гены определяют и многое другое – даже склонность к супружеским изменам или самоубийству. Но наряду с этим родственники могут наградить нас выдающимся интеллектом, способностями музыканта или художника. Не случайно великие композиторы часто рождались в «музыкальных» семьях.

Таким образом, «генетический багаж» играет очень важную роль в нашей судьбе. И, к сожалению, здесь мы не властны ничего изменить: какое «наследство» мы получим – хорошее или плохое, – от нас не зависит. Однако его роль не стоит преувеличивать, влияние генов не фатально хотя бы потому, что дальше свой вклад в нашу индивидуальность вносит окружение, начиная с самого ближнего круга – семьи и заканчивая дальним – обществом в целом.

НАША СЕМЬЯ

Семья – это первое, изначальное и самое главное наше окружение, которое «лепит» нас, в котором генетически заложенные качества могут развиваться или подавляться. Здесь ребенок получает первый опыт **социализации**.

«Ребенок, рождаясь, входит в мир, который его окружает. Ему предстоит принять существующие в данной культуре нормы, законы, традиции, правила, общественные представления. Процесс освоения этого наследия называется социализацией. Он начинается в раннем возрасте и продолжается всю жизнь… Таким образом, социальность – это способность человека жить в обществе, считаться с его нормами и установлениями».

(Гуревич П. С., известный российский философ[8])

Этот опыт далеко не одинаков у всех, поскольку общие, единые нормы и правила воспринимаются и осуществляются на практике по-разному в разных семьях. Допустим, у ребенка отсутствует ген альтруизма. Если родители воспитывают в нем альтруистические качества и подают пример своим поведением, их отпрыск, конечно, вряд ли посвятит жизнь бескорыстному служению человечеству, но, по крайней мере, научится контролировать и сдерживать эгоистические устремления. Если же такой ребенок родится в семье, где царит культ денег и потребительства, то, скорее всего, со временем он превратится в законченного эгоиста.

Родители могут помочь ребенку раскрыть себя или наоборот – препятствовать развитию заложенных в нем склонностей. Всем известно, как часто мы «программируем» детей на поступление в тот или иной вуз, овладение престижной профессией, не особенно интересуясь их мнением и желанием. В 50-60 гг. прошлого века, во времена массового увлечения естественными науками, когда «физики» явно побеждали «лириков», очевидно, немало талантливых гуманитариев так и не реализовали свой потенциал, став посредственными инженерами или математиками.

Понятно, что от нас не зависит, в какой семье мы родимся и чему научат нас родители. Здесь, как и в случае с генами, мы ничего изменить не можем.

---

8 *Гуревич П.С.* Проблема целостности человека // Человек в единстве социальных и биологических качеств. – М., 2012. – С. 272.

ВЛИЯНИЕ ОБЩЕСТВА

Общество влияет на нас гораздо сильнее, чем семья. Осознаем мы это или нет, но общество, в котором нам довелось жить, заставляет нас следовать стандартам: как следует одеваться и обставлять квартиру, какую пищу есть, как вести себя дома и на людях, как строить семейную жизнь, к чему следует стремиться, какие цели ставить. Представления о добре и зле, о любви, истине, красоте, о труде – все это формируется главным образом под воздействием общества.

Возьмем в качестве примера отношение к бедности. В Средние века в христианской Европе бедность не считалась «пороком». Нищие, живущие, как «лилии полевые», олицетворяли идеал отказа от всех мирских благ. Отношение к ним резко изменилось в эпоху капитализма, когда героем дня стал деловитый предприниматель, умеющий делать деньги и приносить пользу себе и другим: в глазах общества нищие превратились в бездельников и попрошаек, для борьбы с ними издавались специальные, весьма жестокие указы.

СПОСОБЫ ВОСПИТАНИЯ И КОНТРОЛЯ

Во все времена, начиная с первобытности, общество разрабатывало многообразные способы воспитания человека и контроля над ним. В современном обществе существует система детских садов, школ, высших учебных заведений, исправительных учреждений – тюрем и психиатрических больниц. Помимо этого, общество располагает наиболее мощным инструментом для манипулирования людьми – *информационными технологиями*. Воздействие на индивидуальное и массовое сознание приобрело невиданные прежде масштабы, и механизмы этого воздействия постоянно совершенствуются. Они используются в самых разных сферах жизни: в избирательных кампаниях и маркетинге, в ситуации конфликтов и в переговорах. Под влиянием СМИ и у взрослых, и особенно у детей в основном формируется картина мира, усваиваются модели поведения, потребности.

МАНИПУЛЯЦИИ ОБЩЕСТВЕННЫМ СОЗНАНИЕМ

Влияние СМИ очень неоднозначно. Многие специалисты сравнивают информационные технологии с оружием – не смертельным, но очень опасным.

СМИ могут учить нас хорошему.

Цифры и факты

В 80-е гг. XX века американская студия Эй-Би-Си выпустила телефильм «На следующий день», в котором очень реалистично были показаны последствия ядерной атаки на США. Премьера этого фильма собрала огромную аудиторию: у экранов телевизоров сидели 40 миллионов человек! Затем начались многочисленные дискуссии в прессе и в эфире с участием известных политиков, ученых, кинозвезд. Фильм произвел очень сильное воздействие даже на тех людей, которые его не смотрели и узнали о содержании из газет или телепередач. В результате, по оценкам социологов, американцы стали чаще задумываться о ядерной войне и перспективах выживания; «антиядерное движение» пошло на подъем, многие граждане заявляли о своем намерении сделать что-то для предотвращения ядерной угрозы.

Однако гораздо чаще СМИ воздействуют на сознание человека деструктивно – и намеренно, и непреднамеренно. Каким образом, например, подбираются сюжеты для радио- и теленовостей? Ведь в новостях говорится далеко не обо всем, что происходит в мире. Внимание уделяется прежде всего событиям, которые могут потрясти зрителя своей необычностью, разжечь его интерес, затронуть эмоции и, конечно, развлечь. Разумеется, речь идет о некоем условном, «типичном» зрителе, каким он рисуется в воображении руководства крупных информационных компаний. Отсюда – обилие негативной информации. Считается, что репортаж о наводнении привлечет людей больше, чем «скучный» рассказ о прозаическом строительстве плотины, цель которого состоит как раз в том, чтобы наводнения избежать.

Социологи отмечают: любые акты насилия, бомбардировки, военные столкновения, стихийные бедствия устойчиво получают гораздо больше экранного времени, чем репортажи о людях, которые хорошо относятся и помогают друг другу или стараются предотвратить жестокость. Репортеров тянет к личностям, которые ведут себя агрессивно, асоциально. Мирные добропорядочные граждане выглядят на их фоне слишком обычными, а потому малоинтересными.

Конечно, это не означает, что зрителям не стоит сообщать о неприятных событиях. Однако баланс между хорошим и плохим явно не соблюдается, и в результате общая картина выглядит необъективно и малопривлекательно. Как бы ни был плох наш мир, он все-таки состоит не только из террористов, мошенников и скандальных кинозвезд!

Цифры и факты

ДЕМОНСТРАЦИЯ В ОСТИНЕ. ИСТОРИЯ НЕСОСТОЯВШЕЙСЯ СЕНСАЦИИ

В 1970 г. студенты Техасского университета решили организовать марш протеста на улицах города Остина. Поводом стала трагедия в Кентском университете, где солдаты местной Национальной гвардии по недоразумению застрелили четырех студентов, одетых как хиппи. В марше должно было участвовать около 20 тысяч человек. Городские власти, опасаясь беспорядков, попытались запретить это мероприятие, однако студенты не уступали. По городу поползли зловещие слухи о грядущем кровопролитии.

Предвкушая громкую сенсацию, в Остин съехались корреспонденты ведущих телекомпаний. Однако в последний момент взрывоопасная обстановка неожиданно разрядилась, преподаватели и студенты сумели договориться с полицией и властями не применять силовых мер против демонстрантов. Результат был ошеломляющим: 20 тысяч студентов спокойно шли по улицам. И никаких стычек с полицией, никаких актов насилия! Этот примечательный факт, показывающий, что люди могут договориться и уладить проблемы мирным путем, был полностью проигнорирован СМИ. Разочарованные репортеры покинули город, и в программах новостей о событиях в Остине не упоминалось.

Средства массовой информации оказывают очень сильное влияние на людей. И не только потому, что одним событиям уделяется излишне много внимания, а другим – слишком мало. Те или иные сообщения часто играют роль своего рода «рекламы», которая побуждает людей к подражательству.

Цифры и факты

«ОБЕЗЬЯНЬИ САМОУБИЙСТВА»

В 1986 г. четверо подростков из Нью-Джерси (США) совершили коллективное самоубийство, после чего последовала волна репортажей и... самоубийств тинейджеров. И чем подробнее рассказывали об этих случаях телекомпании, тем быстрее росло число подростков, решивших расстаться с жизнью.

В развитых странах более 90% детей дошкольного возраста просят своих родителей купить им именно те игрушки и продукты, которые рекламируются по телевидению. Конечно, со временем дети начинают критически относиться к рекламным роликам. Тем более это касается взрослых, которые на горьком опыте убеждаются в том, что реклама часто содержит недостоверную информацию. Однако скепсис еще не означает, что человек действительно защищен от ее влияния. Социологи выяснили, что люди все равно покупают в основном те товары, которые усиленно рекламируются.

ЧЕМУ НАС УЧАТ СРЕДСТВА МАССОВОЙ ИНФОРМАЦИИ?

Казалось бы, реклама, новости, фильмы, развлекательные шоу не имеют никакого отношения к обучению: у них совсем другие цели. Но в действительности дело обстоит гораздо сложнее. Так, реклама не только стремится навязать тот или иной товар или услугу. Помимо этого она незаметно и эффективно формирует у зрителей особое видение мира, влияет на их представления о стиле жизни и жизненным целях.

Реклама ориентирует нас на удовлетворение в первую очередь базовых потребностей, при этом придает им высокую ценность и превращает из простых в сложные. Машина обязательно должна быть очень дорогой, одежда – самой модной, обстановка в доме – самой современной и роскошной. Обладание престижными вещами становится символом процветания, успеха, высокого социального статуса. Таким образом, в сознание человека исподволь закладывается модель сверхпотребления и идея о том, что именно сверхпотребление может дать счастье.

6.2. МЫ – КОНФОРМИСТЫ

Почему же мы так легко поддаемся влиянию общества? Дело в том, что все люди по природе своей – конформисты, то есть они в большей степени готовы следовать за другими, чем проявлять самостоятельность.

Конформизм – склонность менять свое мнение или поведение под влиянием другого человека, группы или общества.

«*Большинство людей даже не осознают своей потребности подчиняться (обществу). Они свято уверены в том, что следуют своим собственным вкусам и склонностям, что они индивидуалисты, что они пришли к своим мнениям в результате собственных размышлений, а то, что их мнения совпадают с мнением большинства, – чистая случайность*».

(Эрик Фромм, выдающийся психолог XX в.)

ПРЕДЕЛЫ КОНФОРМИЗМА

Известный американский психолог Соломон Эш решил проверить, каковы пределы конформизма. В его эксперименте группе студентов показывали четыре нарисованных линии разной длины и просили выбрать две более-менее одинаковые. Несколько «подсадных уток» нарочно давали неправильные ответы, и, к большому удивлению экспериментаторов, многие студенты с ними соглашались, хотя они прекрасно видели, какие именно линии сходны по длине, а какие – нет.

Задание было крайне простым, и первоначально Соломон Эш и его коллеги были убеждены, что уступки будут незначительными. Однако они ошиблись: почти 35% ответов оказались неверными, то есть конформистскими. Почему же умные образованные люди предпочли согласиться с заведомо глупым мнением? Почему не решились отстаивать свою точку зрения? Скорее всего, конформисты старались создать хорошее впечатление о себе, боялись вызвать антипатию группы из-за своего упорства, или, проще говоря, не хотели «отрываться от коллектива».

Итак, основа конформизма состоит прежде всего в том, что мнение окружающих очень важно для нас, даже если мы этого не замечаем или не признаем.

В эксперименте Соломона Эша не предусматривалось ни награды, ни наказания за ответ. В этом отношении никакого дополнительного давления участники на себе не испытывали. Совершенно иначе дело обстоит в обществе, которое карает (и подчас сурово) тех, кто не следует общепринятым правилам: начиная со штрафов за превышение скорости и заканчивая тюрьмой в случае более серьезных нарушений. И это существенно усиливает склонность к конформизму.

Наши социальные роли. Общество требует от нас не только соблюдение определенных норм и стандартов, но и выполнения тех или иных социальных ролей.

Социальная роль – заданные обществом установки, которым должен следовать человек в зависимости от своей профессии, социального статуса, пола и возраста.

Социальная роль врача, учителя, бизнесмена, ребенка и взрослого и т.д. предусматривает определенный набор правил, которые касаются поведения, манер, стиля речи, жестикуляции, интонаций, особенностей одежды и много другого. И все мы в той или иной степени следуем этим правилам, независимо от наших личных качеств, вкусов и предпочтений. Даже различия в поведении мужчин и женщин, по мнению многих социологов, объясняются не только противоположностью полов, но и теми социальными ролями, которые они играют в обществе и, конечно, в семье.

Слово «играют» мы используем здесь не случайно. Исполнение социальных ролей очень напоминает театральную постановку, а сам исполнитель – актера. Общественная жизнь человека, в сущности, разыгрывается на сцене, а точнее – на многих сценах, поскольку обычно он исполняет не одну, а несколько ролей в разное время и в разных ситуациях.

Все мы неплохие актеры: мы достаточно легко и естественно вживаемся в свои роли, тонко чувствуем реакцию окружающих и почти неосознанно используем множество уловок, чтобы подстроиться к ним и не обмануть их ожиданий. Так, молодой человек, отправляясь в офис, наденет строгий костюм и галстук, будет вести себя «официально» – деловито и уверенно, стараясь произвести впечатление надежного и компетентного сотрудника. В тот же день дома он будет играть роль заботливого, но требовательного отца. А в компании друзей он будет вести себя как «свой парень»: наденет джинсы и майку, позволит себе острить, громко смеяться и не слишком стесняться в выражениях.

Люди часто настолько привыкают к своим ролям, что в конце концов полностью отождествляют себя с ними, забывают о том, что эти роли диктуются обществом, и перестают понимать, какие они на самом деле.

КАК СЛЕДУЕТ ОТНОСИТЬСЯ К КОНФОРМИЗМУ?

Хорошо это или плохо? К сожалению, однозначного ответа на этот вопрос нет и быть не может. Все зависит от обстоятельств и от окружения.

Люди неординарные, способные, скажем, на героический поступок, обычно не склонны к конформизму. Но конформизм совершенно необходим для поддержания порядка в обществе – начнем хотя бы с соблюдения правил дорожного движения. Вместе с тем желание получше исполнить ту или иную социальную роль может побудить человека совершать весьма неблаговидные поступки, о которых он сам впоследствии будет жалеть. В некоторых ситуациях вполне нормальные люди могут вести себя крайне непривлекательно, выполнять очень плохие социальные роли, стараясь отвечать ожиданиям общества или группы.

Цифры и факты

КАК НИЗКО МОЖЕТ ПАСТЬ ЧЕЛОВЕК?

Филипп Зимбардо и его ученики провели эксперимент, который стал мировой сенсацией. В подвале Стэнфордского университета соорудили «тюрьму». Группу здоровых, психически уравновешенных и интеллектуально развитых молодых людей разделили по жребию на «охранников» и «заключенных». Через неделю эксперимент пришлось остановить. Вот что пишет об этом сам Ф. Зимбардо: «И для нас самих, и для большинства испытуемых перестало быть очевидным, где кончаются они сами и где начинается исполнение ими ролей. Большинство молодых людей на самом деле превратились в «заключенных» и «охранников»... Менее чем за неделю опыт заключения зачеркнул (на время) все то, чему они научились за целую жизнь; человеческие ценности оказались «замороженными», ... а на поверхность вышла самая гадкая, самая низменная, патологическая сторона человеческой природы»[9].

«Охранники» стали садистами и получали удовольствие от собственной жестокости. «Заключенные» вели себя подобострастно и вместе с тем ненавидели «охранников», их заботили только две проблемы: выживания и побега.

---

9 Аронсон Э. Общественное животное. Введение в социальную психологию. – М., 1999. – С. 35.

И все-таки не следует забывать, что именно конформизм часто заставляет человека вести себя хорошо даже вопреки его желанию. С помощью конформизма можно моделировать и правильное поведение.

Цифры и факты

ЭКСПЕРИМЕНТ С МУСОРОМ

Известно, что люди любят бросать бумажки не в урну, а на тротуар. В США провели интересный эксперимент. На автостоянке к стеклам машин прикрепили квитанции об оплате за парковку. Примерно 1/3 водителей тут же швырнули их на землю. Но когда «случайные» прохожие стали подбирать бумажки и относить их в урну, почти все водители последовали их примеру.

Итак, человеку свойственно вести себя в соответствии с теми правилами и ценностями, которые диктует ему общество. Сейчас оно с помощью СМИ и другими способами пропагандирует в основном конфликтность и конкуренцию, жестокость и насилие, сверхпотребление и эгоцентризм.

Но представим себе, что господствующие нормы поведения и система ценностей изменились: идеалом стало взаимное поручительство и альтруизм, а конкуренция, погоня за деньгами и престижными вещами, прагматичное «использование» другого человека считаются верхом неприличия.

Оказавшись в этой новой ситуации, люди, несомненно, начали бы привыкать и постепенно адаптироваться к ней, осваивать совсем другие социальные роли. Например, не хищного расчетливого дельца, а честного бизнесмена, который приносит пользу обществу тем, что производит какой-либо полезный продукт. И конкуренция приобрела бы иной характер: ее целью было бы не уничтожение «противника», а возможность превзойти его в любви, заботе о людях, способности управлять своим эгоизмом.

Такого общества еще нет, но оно может появиться – это зависит от нас самих.

6.3. КАК СОЗДАТЬ НОВОЕ ОБЩЕСТВО?

ТАК ЕСТЬ ЛИ У НАС СВОБОДА ВОЛИ?

Человек – существо сложное, и, конечно, его нельзя свести к арифметической сумме нескольких слагаемых: влияние генетического материала + семьи + общества. Если бы это было так, история застыла бы на месте, и человечество не развивалось бы.

Воздействие всех перечисленных факторов очень сильно, но каждый из нас способен критически оценивать общепринятые стандарты. Усвоив их в детстве и в юности, человек, как правило, идет своим индивидуальным путем, отчасти следуя «правилам», а отчасти меняя их и меняясь сам. Нам часто хочется быть такими же, как все, не выделяться, приспосабливаться. И все-таки время от времени в нас возникает стремление быть собой, делать свой выбор, строить жизнь по-своему, а не так, как «предписано».

Между двумя этими противоположными желаниями и образуется зазор – пространство, в котором мы можем проявить свободу воли: продолжать жить в обществе, выполнять его законы и вместе с тем вносить в них свои коррективы.

Это – очень непростая задача, и человек не может справиться с ней в одиночку: всегда есть риск «увлечься» и совершить ошибку, оказаться в изоляции, принести вред себе и окружающим. Чтобы этого не произошло, *нужно прежде всего создать вокруг себя «правильное», хорошее окружение – своего рода общество в миниатюре.* В такой среде мы не будем чувствовать себя изгоями, а главное – сможем развиваться в нужном направлении, потому что «правильное» окружение будет нас поддерживать и «подпитывать», создавать наилучшие условия для нашего роста, как бы подталкивать вперед.

СОЗДАЕМ ПРАВИЛЬНОЕ ОКРУЖЕНИЕ

И в этом выборе хорошей, «правильной» среды тоже проявляется свобода воли: ведь в обществе существует множество различных общностей – и формальных, и неформальных, которые объединяют людей по разным признакам. Здесь имеют значение пол и возраст, увлечения, профессиональные интересы, общие проблемы и даже заболевания.

Почему выбор окружения так важен?
Не только общество, но и все мы, сами того не замечая, влияем друг на друга.

Цифры и факты

Социологи Николас Кристакис и Джеймс Фаулер (США) на протяжении многих лет исследовали эту проблему, и их выводы, опубликованные в книге «Связанные одной сетью»[10], стали настоящей сенсацией. Ученые выяснили, что если кто-либо из окружающих вас людей начал курить, то и ваши шансы стать курильщиком вырастут на 61 %. Человек, отказавшийся от этой вредной привычки, повышает на 67 % шансы того, что его примеру последуют друзья.

Более того, мы можем воздействовать даже на людей, которых никогда не видели, а они, в свою очередь, – на нас. Если вы счастливы, число ваших счастливых друзей увеличивается на 15 %, число их счастливых друзей, с которыми вы не встречались, – на 10 %, а число друзей этих друзей – на 6 %.

Счастье или депрессия, увеличение или уменьшение веса, курение, алкоголизм, браки и разводы, щедрость или скупость – всем этим и многим другим можно «заразиться» от окружающих. И теперь, когда есть Интернет, расстояния, разделяющие людей, уже не имеют значения.

Мы склонны подражать друг другу – особенно в ситуации неопределенности, когда устоявшиеся нормы и правила себя не оправдывают. В этих случаях люди обычно ориентируются на окружающих. Конечно, эта особенность проявляется очень по-разному – все зависит от того, кому и чему именно мы подражаем. Мы легко «заражаемся», например, смехом, паникой, модой. Но с помощью

---

10 *Николас Кристакис, Джеймс Фаулер. Связанные одной сетью. Как на нас влияют люди, которых мы никогда не видели.* – М., 2011.

Интернета или более традиционным способом – из уст в уста – мы можем сделать гораздо большее: «заражать» друг друга хорошими идеями и хорошими моделями поведения. Так создаются социальные сети, которые со временем начинают жить своей жизнью и функционируют, подобно организму.

ОТ ИНТЕГРАЛЬНОЙ ГРУППЫ К ИНТЕГРАЛЬНОЙ СЕТИ

Именно такой путь можно использовать для построения интегрального общества: создавать интегральную среду – «почву», из которой оно будет вырастать. Представим себе глобальную сеть, охватывающую весь мир, людей, живущих в разных странах и на разных континентах, состоящую из множества небольших групп (10-15 человек), которые строят интегральные отношения и вносят их в жизнь своих близких и друзей.

Почему предпочтение отдается группе? В ней можно установить непосредственные, «лицом к лицу», контакты, лучше почувствовать окружающих людей. Конечно, это только первый шаг к овладению интегральностью. Сначала человек способен распознать ее в масштабах, соразмерных его эгоистическому сознанию, поэтому узкий круг людей – наиболее комфортная для него среда. Но с течением времени интегральный круг будет расширяться, включать в себя все больше и больше участников. А в результате овладение интегральностью даст возможность каждому включить в себя все человечество, потому что у него появится новый интегральный «орган восприятия», позволяющий видеть окружающую действительность совершенно иначе, не так, как мы привыкли.

ИГРАЕМ В ИНТЕГРАЛЬНОСТЬ

Как происходят все эти изменения? Кажется, что это невероятно сложно, а на самом деле – очень легко и естественно. Люди, собравшись вместе, играют в интегральность и раскрывают ее для себя, вовлекаются в игру и начинают лучше понимать ее правила. Таким образом, благодаря усилиям игроков интегральность из отвлеченной идеи превращается в реальность, «материализуется» и обретает вполне конкретные черты. Ведь игра – гораздо более серьезное и не только детское занятие, как принято думать. Играя, человечество с самого начала истории училось познавать и осваивать мир.

Какие же задачи мы ставим в процессе такой необычной игры? Прежде всего – научиться понимать друг друга. К сожалению, этому непростому искусству нас не учат, поэтому так часто попытки вступить в диалог заканчиваются неудачей: люди высказывают разные, порой противоположные суждения и при этом «не слышат» друг друга. Чужое мнение не вызывает интереса, каждый старается самоутвердиться и доказать свою правоту. Результатов такой «диалог» не дает, согласие не достигается. Между тем и в обыденной жизни, и в отношениях между народами, конфессиями, государствами сейчас крайне востребован совсем другой — интегральный диалог: собеседники ставят цель настроиться и включаться в другого человека, как бы «облачиться» в него, ощущать его мысли и желания как свои собственные, через него воспринимать реальность. Благодаря этому между участниками разговора создается общность, ведущая к единению. Мы получаем новые ощущения, новый взгляд на окружающий мир и обретаем возможность «выйти за пределы себя», преодолеть узкие границы своего «Я» и тем самым встать над своим эгоизмом.

У выдающегося африканского философа прошлого века Л. Сенгора есть фраза: «Танцую тебя». Это значит: я тебя чувствую, я становлюсь тобой, включаюсь в тебя. И это – самый важный шаг: преодолеть свой неизбежно ограниченный взгляд на мир и научиться смотреть на него не только своими глазами, но и глазами других. Тогда перед нами предстанет гораздо более яркая, многогранная, многоцветная картина, по сравнению с которой прежняя покажется плоской и скучноватой.

Используя особую методику, включаясь сначала в одного человека, потом в другого, третьего…, мы постепенно учимся включать в себя все человечество и начинаем ощущать себя частью огромной и в общем гармонично устроенной системы мироздания, чувствуем особую интегральную силу, соединяющую нас и создающую коллективный разум и коллективную душу.

ПОДВЕДЕМ ИТОГИ

На каждого человека оказывают влияние факторы, над которыми он не властен: гены, семья и общество. В этом отношении он лишен свободы выбора. Особую роль играет общество, которое заставляет нас усваивать общепринятые идеалы и ценности, стандартные модели поведения и стандартные социальные роли.

Люди по природе своей являются конформистами, поэтому они склонны менять свое мнение и поведение, ориентируясь на окружающих и «заражаясь» друг от друга идеями и настроениями.

Современное общество располагает мощным арсеналом средств воспитания человека, среди которых на первом месте стоят СМИ. Сейчас СМИ создают заведомо искаженную картину мира, пропагандируют сверхпотребление, конкуренцию, насилие, поощряя тем самым дальнейший рост эгоизма.

Эту ситуацию мы не можем пока изменить коренным образом, но мы способны создать вокруг себя хорошее окружение – интегральную среду, которая поможет нам научиться выходить за пределы своего «я», включаться в других людей и ощущать интегральную силу, соединяющую все человечество как единый организм.

ВОПРОСЫ К ПРОЙДЕННОМУ МАТЕРИАЛУ

1. Как именно влияют на человека гены, семья и общество? Какой из этих факторов является наиболее важным и почему?
2. Какую роль в нашем восприятии мира играют СМИ?
3. Перечислите положительные и отрицательные последствия конформизма.
4. В чем проявляется наша свобода воли?
5. Какое значение имеет создание интегрального окружения для человека?

ТЕМЫ ДЛЯ ОБСУЖДЕНИЯ

- Согласны ли вы со следующим утверждением: «сначала мы формируем свое окружение, а затем окружение формирует нас»?
- Что нам дает игра в интегральность?

ЧАСТЬ 2

ПОВСЕДНЕВНАЯ ЖИЗНЬ В ИНТЕГРАЛЬНОМ ИЗМЕРЕНИИ

УРОК 7.
ЗДОРОВЬЕ И БОЛЕЗНЬ: ИНТЕГРАЛЬНЫЙ ПОДХОД

7.1. Наше здоровье и медицина в эгоистическом обществе
7.2. Организм человека как система: главные компоненты здоровья
7.3. Болезни эгоизма: интегральный подход
Подведем итоги
Вопросы к пройденному материалу
Темы для обсуждения

Здоровье по праву следует считать главным богатством человека, так как именно оно создает основу для его благополучия. Больному, страдающему каким-либо тяжким недугом, никакие блага не доставят радости. Государство тоже заинтересовано в том, чтобы в обществе было как можно больше дееспособных людей, которые будут работать, воевать, рожать здоровых детей. Здоровье каждого из нас является, таким образом, общественным достоянием. Одним словом, общие и индивидуальные интересы в данном случае, казалось бы, полностью совпадают.

Сейчас практически во всех странах мира существует разветвленная сеть медицинских учреждений, на медицинское обслуживание и разработки новых лекарств и методов лечении ежегодно тратятся изрядные суммы. И, конечно, трудно оспаривать тот факт, что за последние сто лет медицина добилась огромных успехов. Жизнь человека, особенно в передовых странах, стала гораздо более продолжительной. Уменьшилась детская смертность. Значительно отодвинулась граница старости: в наши дни многие, перешагнув порог семидесятилетия, продолжают вести активный образ жизни и работают. А ведь совсем недавно, в XIX веке, человек, достигший 45-50 лет, считался почти стариком. Благодаря усовершенствованной диагностике, профилактике, новым лекарствам удалось справиться с оспой, чумой, холерой, полиомиелитом и другими болезнями, которые прежде уносили жизни сотен тысяч людей.

Часто говорят, что современная медицина способна творить чудеса: она возвращает зрение и слух, меняет старые, поврежденные органы на новые. **Однако человечество не стало здоровее.** На смену побежденным болезням приходят другие – не менее, а может быть, и более опасные. Ученые отмечают, что с начала XX века вместе с небывалым ростом медицинских знаний и технологий, в геометрической прогрессии стал расти и уровень заболеваемости.

> **Цифры и факты**
>
> *Из 57 миллионов всех смертей в мире в 2008 г. 36 миллионов человек (63%) умерли от неинфекционных заболеваний, говорится в докладе ВОЗ «Мировая статистика здравоохранения 2012». Ожидается, что ежегодно число смертей от сердечно-сосудистых заболеваний (ССЗ) увеличится с 17 млн. человек в 2008 г. до 25 млн. в 2030 г., а число смертей от рака увеличится с 7,6 млн. человек до 13 млн. человек соответственно. В результате таких тенденций к 2030 г. общая смертность от неинфекционных заболеваний по прогнозам достигнет 55 млн. человек в год.*

Почему это происходит? И как решить проблему борьбы с болезнями, жизненно важную для каждого из нас и для человечества в целом? Для этого надо разобраться, в чем причины сбоев в нашем организме и как их следует предупреждать. Самый распространенный способ: заболел – обратись к врачу. Однако система здравоохранения существует в обществе и зависит от него. Вот с этой проблемы мы и начнем.

7.1. НАШЕ ЗДОРОВЬЕ И МЕДИЦИНА В ЭГОИСТИЧЕСКОМ ОБЩЕСТВЕ

По данным Всемирной организации здравоохранения (ВОЗ), оказывается, что состояние здоровья человека только на 10% зависит от медицины! 20% определяется наследственностью: в наших генах заложена предрасположенность к тем или иным заболеваниям. Еще 20% определяются качеством окружающей среды и целых 50% – образом жизни.

О чем говорят эти цифры? Они показывают, что не стоит рассчитывать только на лекарства и врачей. В гораздо большей степени наше здоровье зависит от общества, в котором мы живем, поскольку именно от общества в первую очередь зависит состояние окружающей среды и образ жизни. Это составляет 70% нашего здоровья. Влияние общества не всегда заметно, но очень действенно.

НАШЕ ЗДОРОВЬЕ И КУЛЬТУРНЫЕ ТРАДИЦИИ

Общество через культуру диктует нам представления о том, что такое здоровье и болезнь и как следует лечиться. В разных культурах эти представления существенно различаются. Например, в китайской медицине, тесно связанной с философией, здоровье понимается как состояние баланса и гармонии потоков жизненной энергии ци (чи), которые циркулируют в организме в соответствии с ритмами и циклами мироздания. Поэтому китайские врачи лечат не отдельные органы и части тела, а весь организм, причем восстановление нормальной циркуляции ци требует, с их точки зрения, сознательного участия пациента и его духовного совершенствования.

На Западе «тело» и «душу» было принято лечить по отдельности. Правда, еще в 1948 г. ВОЗ дала следующее определение: «*Здоровье является состоянием полного физического, духовного и социального благополучия, а не только отсутствием болезней и физических дефектов*». Таким образом, человек был признан системой, в которой все три составляющие – физическое здоровье, социальное и духовное неразрывно связаны друг с другом. Однако на практике чаще всего болезнь по-прежнему рассматривается как «поломка» в теле – своего рода механизме, в котором нужно починить испорченную деталь или заменить ее на новую. К пациенту обычно относятся как к «больному телу», а не как к личности в целом. Вопросы о благополучии или неблагополучии этой личности, в том числе и духовном, о связи «души» и «тела» редко интересуют врачей. На первом плане стояло и стоит до сих пор медикаментозное лечение. И лишь в последнее время мы стали задумываться о том, правилен ли такой подход.

На наше здоровье влияют традиционные, прочно закрепившиеся в культуре нормы и запреты, которые передаются веками, из поколения в поколение, и указывают, что вредно, а что полезно. Это нормы питания, сексуального поведения, работы и отдыха и т. д. Здесь тоже имеется много расхождений. Например, во многих странах Востока полнота до сих пор считается признаком достатка и высокого социального положения. Между тем на Западе идёт настоящая борьба с ожирением, к которому относятся как к болезни, распространены пищевые запреты, исключающие всё жирное, сладкое, жареное.

СФЕРА ЗДРАВООХРАНЕНИЯ В ЭГОИСТИЧЕСКОМ ОБЩЕСТВЕ

Разумеется, влияние общества на наше здоровье к этому не сводится. Сфера медицинского обслуживания по большей части находится в руках государства, которое, располагая огромными финансовыми ресурсами и организационными возможностями, вводит систему медицинского страхования, предоставляет льготы, берёт на себя заботу об инвалидах. Всё это, конечно, большие достижения. Мы привыкли, что государство должно заботиться о нашем здоровье, рассчитываем на его помощь и действительно её получаем.

Однако сфера здравоохранения не существует сама по себе, в некоем изолированном пространстве. Она является частью общества потребления, нацеленного на получение прибыли. Поэтому меры по оздоровлению населения сочетаются с эгоистическими действиями, которые наносят ему вред.

От чего зависит «здоровый образ жизни»? Число сторонников здорового образа жизни растёт с каждым годом, его пропагандой занимаются медицинские учреждения и государство. Человеку необходимо знать, как правильно распределять физическую и интеллектуальную нагрузку, рационально питаться, вовремя предупреждать психические перегрузки, сводить к минимуму риск серьезных заболеваний (диабета, сердечно-сосудистых болезней и т.д.). **Однако в действительности этих знаний недостаточно и возможности вести здоровый образ жизни у большинства крайне ограничены.**

> **Цифры и факты**
>
> *Жители мегаполисов, которые скоро будут составлять около 80% населения мира, не могут вести здоровый образ жизни по совершенно объективным причинам. Количество кислорода, который нам жизненно необходим, в больших городах составляет, как правило, всего 10-12%, зато концентрация вредных веществ (в том числе углекислого газа и свинца, который наносит удар по умственной деятельности, особенно у детей) превышает «норму» в десятки раз. Горожане страдают также от шумовой и вибрационной болезней. Мощные электромагнитные излучения (их продуцирует и бытовая техника: мобильные телефоны, телевизоры, холодильники, компьютеры, без которых мы уже не можем существовать) поражают нервную, половую, сердечно-сосудистую системы.*
>
> *Миллионы людей работают в различных «вредных» отраслях промышленности и получают профессиональные болезни, вызванные отравлениями красителями, производственной пылью, пестицидами и другими веществами, опасными для здоровья.* ***Так устроено современное общество: оно лечит болезни и само же их создает.***

Здоровье и социальный статус. Социальное положение тоже, как это было и прежде, очень существенно влияет на здоровье человека. В конце прошлого века в Англии были проведены масштабные исследования, которые показали, что даже в этой преуспевающей стране люди, имеющие высокий социальный статус, в среднем живут дольше и реже обращаются к врачам, чем представители низших социальных слоев. Бедность, безработица, тяжелые условия работы, плохие жилищные условия – все это заметно сказывается на состоянии здоровья. Чтобы уменьшить эти диспропорции, была предложена программа по борьбе с бедностью и по улучшению медицинских знаний у населения. Однако правительство отвергло ее, сочтя расходы чрезмерными и нецелесообразными. Упор был сделан на пропаганду здорового образ жизни, и в конечном счете все свелось к кампании против курения и к программе «здоровое питание». С точки зрения известного английского социолога Э. Гидденса, власти просто сняли с себя ответственность и попытались отвлечь внимание людей от проблемы влияния их социального положения на здоровье. И этот случай – далеко не единственный.

Мы уже говорили, что здоровье только на 10% зависит от медицины. Тем не менее эти 10% часто бывают крайне необходимы: от них зависит жизнь человека. Однако и здесь возможности далеко не равны. Самые дорогие лекарства, самые сложные операции, услуги самых высококвалифицированных специалистов доступны только богатым. Даже вполне обеспеченные представители среднего класса на Западе далеко не всегда могут позволить себе такую «роскошь». Что же говорить о развивающихся странах, где большая часть населения лишена возможности пользоваться качественным медицинским обслуживанием!

От чего зависит качество окружающей среды? Как мы помним, от качества окружающей среды зависит 20% здоровья, а это совсем не мало. Между тем все человечество сейчас оказалось в ситуации глобального экологического неблагополучия, что лишний раз подтверждает простую, но очень важную мысль: ***создавая глобальные проблемы, мы разрушаем самих себя.***

Загрязненность окружающей среды – общая беда, она сказывается так или иначе на здоровье всех, но все-таки в разной степени. Где-то экология лучше, где-то хуже, а где-то экологическое неблагополучие перерастает в настоящую трагедию. И здесь многое зависит от политики властей, от решений и действий предпринимателей, активности экологических служб, которые отвечают за качество нашей пищи, воды и воздуха, которые, например, могут запретить сливать в реку ядовитые отходы, а могут закрыть на это глаза.

«Индустрия здоровья» в финансовом отношении очень выгодна – прибыль исчисляется миллиардами долларов, а потому подчиняется жестким законам рынка. Фармацевтическая промышленность, медицинские учреждения, аптеки – в конечном счете заинтересованы в большом количестве не здоровых, а больных людей.

Почему лекарства стоят дорого? Ответ на этот вопрос дает история индийского фармацевтического магната Ю. Хамида, который предложил новые лекарства (для онкологических больных и больных СПИДом) по сниженным – почти в четыре раза! – ценам. Другие фирмы обвинили его в краже интеллектуальной собственности. Ю. Хамид, в свою очередь назвал своих противников серийными убийцами, ибо за высокие цены на препараты больные расплачиваются жизнью. Потом, в 2005 г. Индия, которая до этого выпускала относительно дешевые лекарства, под давлением Всемирной торговой организации подняла цены в соответствии с мировыми.

Цифры и факты

Современная медикаментозная медицина несет в себе достаточно много рисков для здоровья человека. Одних она спасает, а другим, наоборот, укорачивает жизнь.

По сведениям академика Ф. Казначеева, в 80 гг. XX в. только во Франции ежегодно потреблялось около 400 тонн лекарственных препаратов. Это означает, что организм человека вынужден перерабатывать 3 кг 600 грамм медикаментозной химии ежегодно! Поэтому вряд ли могут удивить следующие цифры: в мире примерно 30% пациентов лежат в больницах и лечатся от болезней, вызванных... лекарствами, которые, как известно, всегда имеют побочные эффекты.

Выводы напрашиваются сами собой. **В больном эгоистическом обществе не может быть «здоровой» системы здравоохранения, хотя может быть много хороших, честных, добросовестных врачей.**

7.2. ОРГАНИЗМ ЧЕЛОВЕКА КАК СИСТЕМА: ГЛАВНЫЕ КОМПОНЕНТЫ ЗДОРОВЬЯ

Итак, мы выяснили, что современное потребительское общество не в состоянии обеспечить нам здоровье. А теперь обратимся к нам самим и подумаем, что такое здоровье и что такое болезнь и почему, собственно, мы болеем.

ЧТО ТАКОЕ ЗДОРОВЬЕ?

Наш организм работает автоматически, поэтому, когда человек здоров, он как бы «не замечает» своего тела. Нам не нужно контролировать его работу. Оно живет своей жизнью и четко выполняет все свои функции. Сердце стучит, кровь циркулирует по сосудам и венам, легкие дышат, нервная система координирует мышечную систему... Невозможно перечислить все, что умеет делать наше тело, причем совершенно незаметно для нашего сознания. Здоровое тело позволяет нам жить полноценной активной творческой жизнью, преодолевать трудности и, если потребуется, выдерживать лишения и перегрузки. Оно дает нам работоспособность, хорошее самочувствие, физическую красоту. И, наконец, оно способно бороться с болезнями и побеждать их, ибо в нем есть дарованная нам Природой способность к саморегуляции.

Хорошо известно, что в теле человека живут вирусы многочисленных болезней. Однако здоровый организм их полностью контролирует. И они выполняют полезную для него работу. Есть много случаев, когда люди, пораженные смертельным недугом, вдруг выздоравливали, потому что в их организме неожиданно включались резервные возможности. Мы еще плохо представляем истинные масштабы наших способностей к самоисцелению, но очевидно, что они огромны.

Итак, что же такое здоровье? Из чего оно складывается? Вернемся еще раз к определению здоровья, которое дала Всемирная Организация Здравоохранения (ВОЗ): в нем было выделено несколько компонентов, и это правильно. **Человек – сложная система, состоящая из разных более мелких систем. Поэтому и его** *здоровье тоже представляет собой своего рода систему, в которой каждый компонент связан с другими, влияет на них и в свою очередь испытывает их воздействие.*

Физическое здоровье – это состояние абсолютного физического комфорта. В основе его лежит гармония всех физиологических процессов и максимальная адаптация к различным факторам внешней среды.

Психическое здоровье – состояние душевного благополучия, способность сохранять адекватное поведение и оптимальный эмоциональный фон, справляться со сложными жизненными обстоятельствами.

Социальное здоровье включает в себя усвоение ценностей, норм и правил, принятых в обществе, и их выполнение; социальную активность; умение строить хорошие, добрые отношения с окружающими, дружить и понимать других людей.

Здоровье нравственное (духовное) – это принятие общечеловеческих ценностей любви, красоты, добра, милосердия, а также наличие высоких жизненных целей, которые должны определять нашу деятельность и поведение.

Кроме того, следует помнить, что **человек – это открытая система, которая существует за счет взаимодействия с внешним миром: с людьми, обществом и с Природой**. И эти взаимодействия – обмен веществом, энергией, информацией, эмоциями – тоже, естественно, сказываются на нашем здоровье.

СВЯЗЬ ДУШИ И ТЕЛА

Современная западная медицина пытается проследить связи между разными составляющими здоровья, между здоровьем человека и «здоровьем» общества, а также между здоровьем человека и природными процессами. На этом пути уже достигнуты определенные успехи, но полной картины пока нет, целостный (холистический) подход к здоровью еще не разработан. Найдены лишь некоторые – но далеко не все! – взаимосвязи между физическим, психическим, социальным и духовным здоровьем.

Так, совершенно очевидно, что тяжелый физический недуг оказывает негативное воздействие и на психическое, и на социальное здоровье: портится настроение, привычная жизнь человека перестраивается, появляется много неприятных ограничений, меняются отношения с близкими, часто сужается круг социальных связей.

Наше психическое нездоровье пагубно сказывается на физическом состоянии тела. Первым объединил эти явления в термин «психосоматический» (*психэ* – душа и *сома* – тело, греч.) в 1818 году врач Иоганн-Христиан Хейнрот. Сегодня наука психосоматика утверждает, что эмоции самым непосредственным образом воздействуют на тело, выводят организм из равновесного состояния и способствуют возникновению или обострению самых разных телесных заболеваний. Ведь психическая деятельность человека связана с центральной нервной системой, которая «управляет» телом.

Здоровье – «правильное соотношение различных душевных состояний».

(*Цицерон*)

Сегодня бронхиальную астму, нейродермиты, гипертонию, гастриты и многие другие болезни относят к разряду психосоматических. Их главным источником являются **стрессы**. По мнению ученых, в 32-40% случаев виновники болезней – вовсе не вирусы и бактерии, а именно стрессы. И, по прогнозам ВОЗ, в ближайшие двадцать лет их разрушительная сила будет неуклонно возрастать.

Причины стрессов. Но так ли уж страшен и опасен стресс? Вообще говоря, стресс – неотъемлемая часть человеческого существования. Незначительные стрессы неизбежны и безвредны. Более того, стресс может даже оказаться полезным, так как помогает задействовать скрытые ресурсы организма, мобилизует силы человека. ***Механизм стресса является средством адаптации к изменившимся условиям,*** побуждает к действию, к преодолению трудностей, к поискам новых нестереотипных решений. Когда сложная ситуация разрешается, организм снова переходит в режим нормального функционирования.

Человеку на протяжении всей истории приходилось выживать в тяжелых условиях, и стрессовая мобилизация помогала бороться за жизнь и побеждать. Стресс побуждает к действию, к преодолению трудностей, к поискам новых нестереотипных решений. Когда сложная ситуация разрешается, организм снова переходит в режим нормального функционирования.

Однако длительное состояние мобилизации истощает резервные возможности человека. Чрезмерные, часто повторяющиеся стрессы приводят организм к истощению, которое может вызвать и физические, и психические заболевания.

Причин стрессов очень много. Любые изменения в окружающий среде, любое событие или информация в принципе могут создать экстремальную ситуацию и вызвать стресс: микробы и вирусы, резкие перепады температур, травмы, конфликты в семье и на работе, физические и умственные перегрузки, несчастная неразделенная любовь, разводы и потеря близких, неудовлетворенность – самим собой, своей жизнью, обществом и своим положением в нем… Все может стать причиной стресса, причем многое зависит от самого человека: его опыта, уверенности в себе, выносливости.

СТРЕССЫ «ОБЩЕСТВА ПОТРЕБЛЕНИЯ»

Есть стрессы, которые действуют разрушительно на всех и, несмотря на внешнюю комфортность техногенной цивилизации, буквально встроены в нашу жизнь. Ни избежать их, ни адаптироваться к ним невозможно, пока не изменится общество и его цели, ценности и взаимоотношения между людьми.

Это, например, постоянный стресс, вызванный исключительно быстрым темпом жизни, калейдоскопом резких перемен, огромными потоками информации.

Таким же постоянным источником стрессов является страх, неуверенность в завтрашнем дне. Современный человек, даже вполне преуспевающий, – поистине несчастное существо, пребывающее в непрерывном страхе перед очередным экономическим кризисом, потерей работы, инфляцией, экологической катастрофой, войной... всего и не перечесть.

Цифры и факты

«Эпидемия тревожности» растет. В США от нее страдает 31% населения, на втором месте стоит Колумбия – 25,3%, на третьем Новая Зеландия – 24,6%.

Одним из важнейших источников стресса по праву считается **неблагополучие в человеческих отношениях**. Действительно, мы ежедневно так или иначе контактируем с очень большим количеством людей: на улице, в транспорте, в магазинах и офисах, на работе. И каждая встреча, даже самая поверхностная, может вызвать или положительные, или отрицательные эмоции. Злое слово или даже взгляд, говоря метафорически, способны «убить» человека: вызвать глубокую обиду, гнев или боль.

Атмосфера взаимной враждебности или холодного равнодушия, циничной расчетливости, зависти, интриг пагубно влияет и на психическое, и на физическое здоровье. Заметим, что речь идет не о случайных конфликтных ситуациях или трениях, которые почти неизбежно возникают при самых хороших, добрых, любящих отношениях, а о **доминирующей модели социальных отношений в обществе, нацеленном на получение прибыли и конкуренцию.**

А какое влияние оказывает на здоровье хорошая социальная среда?

ЗДОРОВЬЕ И СОЦИАЛЬНОЕ СОГЛАСИЕ

Роль солидарности в улучшении состояния здоровья была отмечена давно. Еще Э. Дюркгейм, великий социолог начала XX в., в своей книге о самоубийствах писал, что люди, хорошо интегрированные в общество, гораздо меньше склонны расставаться с жизнью, чем одинокие и неустроенные.

Цифры и факты

Р. Уилкинсон, современный автор, опубликовал в 1996 г. книгу «Больное общество. Недуги неравенства». В ней доказывается, что самыми здоровыми обществами являются не самые богатые, а общества, где доходы распределяются наиболее равномерно и где достигнут самый высокий уровень общественной интеграции. Поэтому уровень здоровья жителей Японии и Швеции выше, чем, например, граждан США. Книга вызвала много споров и критики, однако выводы Р. Уилкинсона подтверждаются и другими исследователями. Так, американские психологи установили, что в индивидуалистических обществах количество людей, страдающих от депрессии, гораздо выше, чем в обществах, где преобладают коллективистские ценности. Это означает, что на распространение «чумы» XXI века влияет главным образом индивидуалистическое замыкание на себе. Ощущение себя частью коллектива, наоборот, блокирует депрессию. Специалисты отмечают также, что есть прямая связь между хорошей социальной атмосферой и шансами выжить после тяжелых заболеваний, например, инфаркта миокарда.

А теперь обратимся к человеку и посмотрим, как его здоровье связано с его внутренним миром, потребностями, жизненными целями и методами, с помощью которых он их достигает.

Наши потребности могут вызывать болезни. Как вы уже знаете, желания (потребности) – главный стимул, побуждающий человека действовать. Если желания исчезают, он выключается из жизни, и это – состояние болезни, одно из проявлений депрессии. Сама Природа поощряет нашу активность, для которой желания служат своего рода «приманками», двигающими нас вперед.

Удовлетворение потребностей, в принципе, должно приносить нам здоровье. Удовлетворение базовых физических желаний дает ощущение «радости тела», прибавляет сил и, в конечном счете, позволяет нам реализовать другие, более высокие желания. Профессиональные и творческие успехи, общественное признание – каких бы трудов это ни стоило – вознаграждаются ощущением гордости за свою победу, осознанием своего роста и самореализации.

Неудовлетворенные желания, напротив, приводят к нарушению психо-эмоционального баланса и как следствие – к психосоматическим заболеваниям. Вопрос в том, чем вызвана эта неудовлетворенность. Если человек честолюбивый и активный лишается не по своей вине места работы, то его неудовлетворенность имеет совершенно объективные причины, и виновато в ней общество, которое не может справиться с безработицей. И совсем другое дело – вечная неудовлетворенность в погоне за материальными благами, карьерой, известностью. Ее последствиями становятся шопоголизм и трудоголизм (особые, сравнительно недавно появившиеся психические заболевания), изоляция от окружающих, зависть и озлобленность, истощающие душу и тело, а в конце концов – инфаркты, инсульты и онкологические заболевания.

7.3. БОЛЕЗНИ ЭГОИЗМА: ИНТЕГРАЛЬНЫЙ ПОДХОД

Современная медицина сводит проблему здоровья человека и влияния на него Природы к загрязнению окружающей среды и к *метеочувствительности – реакции организма на изменения погоды, геофизических и космических условий*. Доказано, что они влияют практически на все органы и системы нашего организма, причем, как правило, отрицательно.

Если условия внешней среды меняются резко и быстро, а адаптационные возможности организма не слишком велики, то это может вызвать в лучшем случае раздражительность, тревогу, апатию, головные боли и физическую слабость, а в худшем – гипертонические кризы, инсульты, инфаркты миокарда, обострения заболеваний ЦНС и т.д.

НАРУШАЯ ЗАКОН ПРИРОДЫ

Однако наука пока не задумывается о том, какая существует связь между нашими болезнями и тем, что человечество нарушает главный закон Природы – закон равновесия в получении и отдаче. *С точки зрения интегрального подхода, чрезмерно развитый эгоизм сам по себе – болезнь, а точнее – скрытый источник многих недугов, от которых страдает человечество и перед которыми бессильна медицина.* Попробуем использовать этот нетрадиционный подход и рассмотрим самые страшные болезни, которые занимают первые места в черном списке «болезней века».

Рак по праву следует назвать болезнью эгоизма, так как раковые клетки «не хотят» работать, как все остальные, – альтруистически, – они стремятся к безграничному росту, а потому враждебны по отношению ко всему организму – их главной управляющей системе.

Современное человечество часто сравнивают с опухолью на теле Земли, которая разрушает ее и, в конечном счете, гибнет сама. Не случайно еще в 70 гг. XX века Римский клуб поставил вопрос о «пределах роста», о необходимости ограничить произвол человека по отношению к Природе.

Рак – это отражение эгоистических отношений между людьми и между человечеством в целом и Природой, и он прогрессирует вместе с «прогрессом» эгоизма.

С эгоизмом тесно связаны и сердечно-сосудистые заболевания, еще один бич нашего времени. Сердце физиологически важный орган, который безостановочно трудится для всего организма, выполняя роль «насоса», в идеальном ритме отдачи и получения. Сердце образно издавна считается средоточием жизни – отсюда и такие выражения, как «голос сердца», «зов сердца», «разум сердца». Сердце считается также вместилищем эмоций и желаний человека. От их качества будет зависеть, открыто оно или закрыто от внешнего мира в плотной капсуле эгоизма.

Эгоистические отношения между людьми, каждый из которых стремится отгородиться от остальных и вместе с тем получать от них как можно больше, порождают болезни сердца. Исцелять эти болезни нужно не только лекарствами, но и любовью, которая откроет нас миру и восстановит баланс между эгоизмом и альтруизмом.

Вирусы – на сегодняшний день самый опасный и коварный враг человека среди всех живых существ, населяющих планету. Когда-то наибольшую угрозу для нас представляли крупные хищники. Теперь человек сам стал самым страшным хищником, однако он бессилен перед крошечными вирусами, состоящими из молекулы ДНК или РНК в белковой оболочке, которые ведут себя как разумные существа.

Почему медицина не в состоянии справиться с ними? Почему на любое новое лекарство вирусы тут же отвечают новыми, не чувствительными к ним штаммами, адаптируются и поражают нас болезнями, которые ослабляют или разрушают человека?

В Природе нет «вредителей», но есть существа, которые выполняют роль «чистильщиков» – роль неприятную, но необходимую. Посмотрим на себя и все человечество «глазами» Природы: в ее целостном, гармонично работающем организме происходит сбой, потому что одна из многочисленных систем больна и ведет себя «неправильно», эгоистически. Что делает в таких случаях сильный жизнеспособный организм? Ответ на этот вопрос нам всем хорошо известен: он включает механизмы самозащиты, мобилизует все свои возможности для борьбы с недугом, чтобы вернуться в прежнее состояние равновесия, то есть здоровья, и «исправляет» участок, затронутый болезнью, безжалостно уничтожая вредоносные клетки.

Нечто подобное происходит сейчас с нами: ведь человек – единственное существо, которое живет и действует в полном противоречии с законами мироздания. Многие самые тяжелые и распространенные болезни – отражение нашего внутреннего состояния, нашего эгоизма на физическом уровне, и Природа пытается «лечить» больную, неправильно работающую систему – человечество – своими способами, которые, естественно, нам вряд ли могут понравиться. *И самое неприятное – дело вовсе не в том, что тот или иной человек особенно эгоистичен и его «наказывают» за это болезнью. Болезни эгоизма поражают всю систему «человечество», подтачивают ее изнутри, распространяются по ней, нанося удары и правым, и виноватым – по всем существующим в системе связям, а не только разрушая отдельных людей.*

Это очень пессимистические выводы. На что же может рассчитывать человек, который очень хочет быть здоровым? Можно ли найти какой-то выход из тупика?

КАК ОБРЕСТИ ЗДОРОВЬЕ?

Отвечая на этот вопрос, сформулируем основные принципы интегрального подхода к здоровью.

Здоровье – это уровень связи человека с единой системой общества и Природы в целом, который зависит от его способности установить баланс между отдачей и получением.

Болезнь – это отсутствие баланса между отдачей и получением в каждом из нас, в обществе и между человечеством и Природой.

Установить баланс – значит ощущать себя клеткой единого организма человечества и Природы. Думать и действовать в соответствии с этим.

Чтобы быть здоровым, надо научиться строить добрые отношения с людьми и Природой воспитывать своим примером подрастающее поколение.

В идеале, пока еще далеком от реальности, у человечества должен быть единый коллективный разум и единое сердце, и каждый из нас будет работать по отношению к остальным в ритме отдачи и получения, синхронно с другими. Именно это принесет здоровье всей системе «человечество» и каждому из нас в отдельности.

Основа нашего здоровья и избавления от болезней – это обучение правильным отношениям. Более того, даже обычный разговор или мысли о всеобщем единении, о новом интегральном мире действуют на человека целительно. Конечно, это не означает, что болезней не будет вообще и что медицина нам не потребуется. Болезни станут менее разрушительными, менее «системными», а лечение более эффективным.

Интегральная группа может выстроить защитную стену от болезней, потому что нацелена на единение и работает по принципу отдачи и взаимной «циркуляции» энергии, позитивных мыслей и хорошего настроения. Силовое поле интегральности, возникающее между ее участниками, способно смягчить депрессию, излишние страхи и повышенную тревожность, апатию, дать тем самым организму импульс для излечения, для мобилизации его внутренних ресурсов.

В группе каждый и все вместе взятые являются целителями друг для друга. Каждый человек получает от окружения не только понимание, поддержку, сочувствие, но и ощущения физического и психического здоровья, уверенности в себе, уравновешенности, радости. Интегральная группа способна восстановить свой баланс и баланс каждого из своих членов.

ПОДВЕДЕМ ИТОГИ

Несмотря на впечатляющие успехи медицины, человечество продолжает страдать от множества тяжелых неизлечимых заболеваний, и число их не уменьшается, а растет.

Основная причина глобального нездоровья – неправильные отношения людей друг к другу и к Природе, в результате чего происходит нарушение равновесия между получением и отдачей. Оздоровление этих отношений – ключ к решению многих медицинских проблем, так как наши физические и психические недуги – лишь внешние проявления главной болезни – эгоизма.

Разные люди могут быть эгоистами в разной степени, однако все они взаимосвязаны и образуют единую систему – человечество, которая нарушает законы мироздания и является на сегодняшний день больным, неправильно работающим «органом» живого целостного организма Природы.

Только исправив наши эгоистические желания, наладив правильные связи друг с другом и с Природой, человечество сумеет восстановить утраченный баланс, а вместе с ним и здоровье.

ВОПРОСЫ К ПРОЙДЕННОМУ МАТЕРИАЛУ

1. Как отражаются эгоистические отношения между людьми на здоровье человека?
2. Почему в эгоистическом обществе не может быть «здоровой» системы здравоохранения?
3. Как изменит здоровье человека и человечества система отношений, построенная на взаимопомощи и партнерстве?

ТЕМЫ ДЛЯ ОБСУЖДЕНИЯ

- Почему интегральная связь может улучшить наше здоровье?
- Что каждый человек может сделать для поддержания здорового равновесия в себе и в обществе?

УРОК 8.
СЕМЬЯ КАК ИНТЕГРАЛЬНАЯ СИСТЕМА

8.1. Современная семья – вызовы XXI века
8.2. Семья гибнет?
8.3. Любовь и отношения в семье
8.4. Интегральная семья
Подведем итоги
Вопросы к пройденному материалу
Темы для обсуждения

Семья является ближайшим окружением человека, с ней связаны самые личные, самые интимные стороны его жизни. И вместе с тем, семья, минимальная общность – главная ячейка общества, его фундамент и опора, так как она помогает поддерживать социальный порядок. Великий китайский философ Конфуций считал, что состояние семьи – индикатор социального здоровья. Разлад в обществе начинается с семьи, и, наоборот, если в семьях все благополучно, то и в обществе царит гармония.

Современная семья переживает очень непростые времена. Как и все общество в целом, она находится в состоянии кризиса. Тем не менее, и сейчас есть счастливые и несчастные семьи, кому-то удается сохранить любовь и согласие, а кому-то нет. Почему это происходит? И что здесь зависит от нас самих?

8.1. СОВРЕМЕННАЯ СЕМЬЯ – ВЫЗОВЫ XXI ВЕКА

ДЛЯ ЧЕГО НУЖНА СЕМЬЯ?

Семья всегда выполняла и выполняет сейчас много важных и для человека, и для общества функций.

> **Семья** – группа людей, связанных прямыми родственными отношениями, взрослые члены которой принимают на себя обязательства по уходу за детьми.

Цифры и факты

Стремление к семейным отношениям дано нам самой Природой. Брачные пары, нередко очень прочные, на всю жизнь, имеются у многих птиц и животных, причем не обязательно высших. Например, мелкие грызуны – прерийные серые полевки – живут моногамными семьями и отличаются исключительной супружеской верностью. И самки, и самцы абсолютно верны друг другу и настроены очень агрессивно по отношению к другим особям своего пола – потенциальным соперникам. Моногамные семьи есть и у обезьян (макак-резусов, шимпанзе), хотя у них это не единственный вид отношений между полами. Интересно, что шимпанзе способны к усыновлению чужих детенышей, и приемными родителями становятся не только самки, но и самцы.

Рождение и воспитание детей. Семья является главной «площадкой», на которой происходит становление личности ребенка. В семье дети впервые приобщаются к нормам общественного поведения, к культуре, начинают открывать для себя мир. Через семью из поколения в поколение передаются культурные и религиозные ценности, создавая устойчивые традиции.

Человеческие детеныши – самые беззащитные, если сравнить их с животными. На протяжении первых четырех-пяти лет ребенок не может выжить без посторонней помощи. Семья дает ребенку возможность адаптироваться к жизни в обществе, получить некоторые знания и умения. Воспитывая ребенка, родители и сами включаются в процесс обучения, им приходится «работать» над собой. Ведь дело не только в том, чтобы передать своим отпрыскам ту или иную информацию: дети подражают родителям, их речи, поведению. Поэтому процесс воспитания является двусторонним и происходит постоянно, а не в какие-то особые часы, как в школе.

Совместное ведение хозяйства. Семья в наши дни, как правило, уже не является единицей экономического производства, но совместное ведение хозяйства по-прежнему остается одной из главных ее функций.

Эмоциональная поддержка и удовлетворение сексуальных потребностей. Для многих людей семья – основной, жизненно важный источник утешения и душевного комфорта, любви и дружбы, ведь супружество предполагает взаимное доверие, взаимные обязательства и взаимную помощь. Семья защищает нас от различных невзгод и проблем, возникающих при столкновениях с «внешним» миром. Поддержка и взаимопонимание близких имеют огромное значение в нашей жизни, часто помогают справиться со сложными ситуациями. Конечно, это происходит только тогда, когда в семье царят любовь, согласие и хорошая доброжелательная атмосфера.

К сожалению, так бывает далеко не всегда. У семейной жизни есть своя теневая сторона. В самых крайних случаях в неблагополучных семьях имеет место насилие, жестокое обращение с близкими, жертвами которого обычно становятся женщины и дети. И даже в хороших, «нормальных» семьях, как мы знаем по собственному опыту, могут возникать острые разногласия, которые порой доводят людей до отчаяния, вселяют в них чувство тревоги, вины, неуверенности в себе.

МЕТАМОРФОЗЫ СОВРЕМЕННОЙ СЕМЬИ

В современной семье на наших глазах происходят большие изменения. Перечислим наиболее важные среди них.

Семья уменьшается. Много тысячелетий назад возникла большая патриархальная семья, которая объединяла несколько поколений кровных родственников: родителей и взрослых детей с их собственными семьями. Члены такой семьи вместе занимались хозяйством, полностью обеспечивая себе пропитание, воспитывали детей, помогали больным и престарелым.

По мере развития индустриального общества патриархальная семья стала вытесняться небольшой по размеру «атомарной» семьей, которая включала, как правило, только родителей и их несовершеннолетних детей. В XX веке в странах Запада патриархальная семья распалась окончательно.

Начиная с 60-70 гг. прошлого века начала разрушаться и «атомарная» семья, и на смену ей приходит большое разнообразие форм совместной жизни.

Разнообразие современной семьи. Современную семью не случайно называют «свободной». Все большее количество людей перед браком предпочитают какое-то время просто жить вместе: это рассматривается как своего рода эксперимент, проверка чувств и совместимости. Но для многих *сожительство* – это альтернатива браку. Начиная жить вместе, молодые люди обычно планируют вступить в «настоящий» брак в будущем, но… совсем не обязательно со своим нынешним партнером. И мало кто объединяет при этом свои финансы.

Очень распространен в наши дни «*гостевой брак*»: даже люди, чьи отношения закреплены официально, часто выбирают раздельную жизнь и периодические встречи.

Растет число *неполных семей*, причем их главой в 90% случаев является, конечно, женщина. И происходит это в основном в результате не вдовства, а развода. Одинокие матери, родившие внебрачных детей, по-прежнему сталкиваются с осуждением или неодобрением окружающих (хотя и не в такой степени, как раньше), с финансовыми трудностями, испытывают чувство незащищенности и одиночества. Мало кому нравится такое положение, но есть и добровольные матери-одиночки, которые сами решили родить и воспитать детей, не вступая в брак.

В современном мире стало много *бездетных семей*. Увеличивается число женщин, которые не хотят иметь детей, независимо от того, состоят они в браке или нет. Чаще всего рождение ребенка откладывают «на потом» – на тот момент, когда будет достигнуто материальное благополучие и повысится социальный статус, хотя нередко получается, что в результате ребенок так и не появляется на свет. В любом случае ребенок уже не является для многих супругов главной целью создания семьи. Женщины теперь планируют беременность, с учетом других задач: их интересует профессиональный рост, карьера, сохранение своей личной свободы и мобильности.

Наконец, особый тип семьи, который появился сравнительно недавно, – это *сожительство гомосексуальных женщин и мужчин*, а в некоторых странах – их официальный брак. Несмотря на негативную в основном реакцию общественности, число стабильных гомосексуальных пар, часто имеющих детей (усыновленных или рожденных от суррогатной матери) достаточно велико и вряд ли уменьшится в будущем.

Таким образом, если раньше существовала всего одна модель семейной жизни и ее альтернативой было только осуждаемое обществом внебрачное сожительство, то теперь люди могут выбирать разные модели семьи. Тем более что развод в большинстве стран мира никакой трудности не представляет.

Движение в сторону малодетной, бездетной или «свободной» семьи происходит не только на Западе, но и на Востоке: в Японии, Сингапуре, Южной Корее. Обратите внимание: речь идет о процветающих странах, где значительная масса населения имеет возможность вырастить и воспитать нескольких детей.

8.2. СЕМЬЯ ГИБНЕТ?

Так что же происходит с семьей? Многие, глядя на изменения, которые произошли за последние несколько десятилетий, считают, что семья разрушается. И они отчасти правы: практически полная сексуальная свобода, постоянный рост числа разводов, нежелание молодых людей вступать в брак, пренебрежение семейными обязанностями… Да, все это – тревожные признаки.

ПРИЧИНЫ КРИЗИСА СЕМЬИ

Искажается сама суть семьи: исчезает близость, желание помогать друг другу и получать удовольствие, проявляя свою любовь в повседневной жизни. Все это приводит к тяжелым последствиям: в развитых странах падает рождаемость, население «стареет». **Кризис семьи – проявление эгоизма и крайнего индивидуализма** современного человека, который с трудом переносит присутствие рядом даже близких людей, хочет быть свободным от всего и от всех. Ему требуется «свое», индивидуальное пространство, причем большое. Ему хочется жить для себя, а семья – это бесконечные заботы и хлопоты, дополнительные траты.

Однако не надо забывать, что индивидуализм поощряется обществом. С чем это связано? Современное постиндустриальное информационное общество нуждается в раскрепощенном, мобильном, инициативном работнике, который стремится проявить себя и превыше всего ценит карьерный рост – неважно, мужчина это или женщина. Такой тип человека не совместим ни с атомарной, ни тем более с патриархальной семьей. Индивидуализация образа жизни растет не только вследствие роста эгоизма, но и потому, что этого требуют условия труда. **Потребности рынка труда противоречат потребностям семьи, брака, материнства и отцовства.**

Это противоречие было незаметно до тех пор, пока женщина была только «хранительницей домашнего очага», не имела профессии, не работала. Но ситуация изменилась уже давно: добившись полного равноправия, женщины активно включаются в общественную жизнь, овладевают едва ли не всеми «мужскими» профессиями. А в результате семейные обязанности оказываются «лишними» и обременительными: у работающих супругов нет времени и сил заниматься ни престарелыми немощными родителями, ни детьми, ни даже друг другом. В наше время семейные люди проводят вместе очень мало времени.

ПОРОЧНЫЙ КРУГ ОДИНОЧЕСТВА

Неумение строить правильные отношения наблюдается во всех сферах общественной жизни, но в семье оно ощущается наиболее остро и болезненно. В результате главными фигурами современности стали одинокий мужчина и одинокая женщина. Неумение строить правильные отношения наблюдается во всех сферах общественной жизни, но в семье оно ощущается наиболее остро и болезненно.

Одинокие часто не хотят расстаться со своим одиночеством, каким бы оно ни было тяжелым.

«При одиноком существовании растет тоска по другому (другой), а равно и невозможность каким-то образом включить этого человека в структуру теперь уже по-настоящему «собственной жизни». Эта жизнь наполнена неприсутствием другого. Теперь для него (для нее) более нет места».

(Ульрих Бек[11])

У одинокого человека есть свои привычки в быту, которые трудно менять, с которыми трудно расстаться, свое расписание дня, мимолетные, но приятные связи. Появление Другого нарушает эту призрачную гармонию, созданную с таким трудом.

Таким образом, образуется порочный круг: самостоятельность порождает одиночество, а разнообразные «конструкции», выстроенные для того, чтобы это одиночество скрасить, в результате превращаются в тюрьму, которая надежно защищает от проникновения другого человека.

Социологи считают, что ситуация вряд станет лучше, пока не изменятся условия труда и общество в целом. Ведь сейчас семейная жизнь должна приспосабливаться к рыночным эгоистическим отношениям.

ПОИСКИ СЕМЕЙНОЙ ГАРМОНИИ

И тем не менее, семья не погибает. Несмотря на то, что брак стал хрупким, семейные отношения явно остаются очень важными для людей.

Разводов действительно очень много, но много и повторных браков. Надежда найти наконец-то настоящую, истинную любовь заставляет людей предпринимать все новые и новые попытки, терпеть неудачи и снова искать.

---

[11] *Бек У.* Общество риска. На пути к другому модерну. – М., 2000. – С. 183.

Требования к семейной жизни меняются, и это естественно: ведь в брак теперь обычно вступают добровольно, а не по настоянию родителей. Экономические соображения, конечно, часто присутствуют, а кроме того, псевдоценности общества потребления «запутывают» человека, и он теряет ориентиры: не знает, кого следует считать «удачным», подходящим супругом или супругой. Гордыня и тщеславие, материальные расчеты заставляют выбирать тех, кто занимает высокое положение или имеет известность. Однако гораздо больше браков заключаются по любви. В случае развода современной женщине гораздо легче, чем раньше, устроить свою жизнь, так как она обрела экономическую самостоятельность. Все это дает свободу и... порождает много проблем, так как браки, основанные на взаимном чувстве, требуют много усилий, «работы» над собой и над отношениями с партнером.

Требования к браку выросли: теперь он чаще всего оценивается по степени личной удовлетворенности или неудовлетворенности. Социологи считают, что в большинстве случаев разводы связаны не с легкомысленным отношением к семье, а со стремлением обрести «настоящую» семью – идеальный гармоничный союз. Но что такое эта гармония? Из чего она складывается? Достаточно ли для этого только любви?

8.3. ЛЮБОВЬ И ОТНОШЕНИЯ В СЕМЬЕ

Любовь, как мы выяснили, является в наше время главной причиной, которая побуждает людей вступать в брак или расторгать его. Любовь – стержень семьи, мощная цементирующая ее сила, и если она исчезает, семейная жизнь теряет привлекательность. Но как сохранить любовь?

Любовь – особое эмоциональное состояние, которое очень трудно определить, хотя о нем писали и пишут философы, социологи, психологи, поэты и писатели. Точно описать любовь во всех ее многообразных проявлениях фактически невозможно, но все-таки есть некоторые наиболее важные ее характеристики.

Многие философы считают любовь универсальным чувством, которое способен испытывать не только человек, но и все живое.

«Взятая как биологическая реальность, любовь присуща не только человеку. Она представляет собой общее свойство всей жизни».

(Тейяр де Шарден, выдающийся философ XX в.)

Известный психолог и философ Эрик Фромм полагал, что любовь несет в себе огромную творческую, созидательную силу и любовь мужчины и женщины основывается на общечеловеческом чувстве любви ко всем людям. Получается, что любовь к одному человеку – частное проявление всеобщей вселенской любви.

Но, что бы ни говорили философы, для каждого из нас любовь вполне конкретна, у нее всегда есть определенный «адресат». Причем само это чувство у человека является сложным, включает в себя несколько компонентов.

ИЗ ЧЕГО СОСТОИТ ЛЮБОВЬ?

Любовное переживание обязательно связано с чувственным, физическим желанием, в нем присутствует сексуальный элемент. Он может играть более или менее важную роль на разных этапах развития отношений, может даже исчезнуть совсем. Но именно физическое желание придает любовному переживанию наибольшую интенсивность и выделяет его среди других переживаний.

Любовь помогает нам выйти за границы своего «я». Направляя свою любовь на Другого, человек должен выйти за границы себя, разделить жизнь этого Другого, включить его или ее в свой мир. Ибо любовь – это всегда стремление к максимальной близости, взаимопроникновению, слиянию. В самой природе любви заложена потребность человека преодолевать узкие рамки своего «я» и отчуждение от другого. Физическое наслаждение дополняется глубокой привязанностью и потребностью заботиться и защищать. В этом смысле любовь – альтруистическое чувство.

«Это сила, пробивающая стены, отделяющие одного человека от другого, и объединяющая его с другими».

(Эрик Фромм[12])

Любовь – это жажда власти и обладания. И вместе с тем в любовном чувстве проявляется эгоистическое желание властвовать, обладать. Любящий – собственник, который хочет, чтобы предмет его страсти принадлежал ему безраздельно.

«Для души – это жажда властвовать, для ума – внутреннее сродство, а для тела – скрытое и утонченное желание обладать тем, что любишь».

(Ларошфуко, французский философ XVIII в.)

Любовь – это отношения. В любви эмоции, конечно, стоят на первом месте, однако индивидуальные переживания обязательно переходят рано или поздно в отношения между двумя разными личностями, которые принадлежат разным полам и живут в обществе. Эти отношения нужно выстраивать, создавать, корректировать постоянно. В этом смысле любовь имеет социальную природу, и в ней, хотим мы этого или нет, проявляется зависимость от общества. Хотя влюбленные обычно стараются уединиться и скрыться от окружающего мира и обыденной жизни, все-таки даже самые интимные стороны любви связаны с обществом и культурой. Вступая в близкие отношения, люди вынуждены так или иначе считаться с общепринятыми условностями, разрешениями и запретами. Не все, разумеется, им следуют, однако полностью забыть о нормах и законах общества невозможно.

Влияние общества особенно заметно, когда образуется семья и отношения становятся более сложными: здесь встают проблемы материальной обеспеченности, работы и карьеры, воспитания детей, заботы о родителях. Характер отношений в современных семьях весьма разнообразен.

«**Патриархальная**» **семья**: главой является мужчина, который сосредотачивает в своих руках власть, в том числе и финансовую.

---

12 *Фромм Э.* Искусство любви. – Минск, 1990. – С. 15.

Женщина и дети занимают подчиненное положение и полностью или отчасти лишены самостоятельности. Конечно, патриархальная семья в чистом ее виде почти изжита во многих странах (поэтому слово «патриархальная» поставлено в кавычки). Но это вовсе не означает, что ушли в прошлое сами патриархальные отношения, основанные на доминировании мужчины. В семьях, внешне вполне современных, патриархальность в разных ее обличиях нередко продолжает торжествовать, проявляясь в неравенстве партнеров по браку.

«Демократичная» семья – относительно недавно появившаяся на Западе модель отношений в семье. В этом случае оба супруга, как правило, работают, имеют более или менее одинаковый социальный статус и финансовую обеспеченность и выступают в браке как равноправные самодостаточные партнеры.

«Матриархальная семья» – в ней доминирует женщина, имеющая более престижную и высокооплачиваемую работу, чем ее муж. Число таких семей пока сравнительно невелико, но в последнее время оно увеличивается. Интересно, что параллельно растет и число «мужчин-домохозяев».

Конечно, все эти модели условны, в реальной жизни гораздо чаще можно встретить промежуточные, смешанные формы. Одна и та же семья на протяжении своего существования в зависимости от разных обстоятельств может меняться: доминирование мужчины сменяется временным доминированием женщины или столь же временным демократическим равноправием. Соответственно меняются и семейные роли супругов.

Таким образом, расстановка сил внутри семьи, характер отношений между мужем и женой определяются не только любовью, но и теми ролями, которые они играют в обществе. Социальная жизнь накладывает свой отпечаток на жизнь семьи.

И во всех перечисленных нами моделях, кроме, пожалуй, демократичной, во взаимоотношениях супругов присутствует элемент соперничества, своеобразной конкуренции за лидерство. Если «война полов» принимает затяжной характер, жизнь супругов и домочадцев превращается в настоящий кошмар – до тех пор, пока кто-то из них не идет на уступки, принимая в какой-то степени добровольно подчиненное положение.

8.4. ИНТЕГРАЛЬНАЯ СЕМЬЯ

РАВНОВЕСНАЯ СИСТЕМА

Существующие ныне модели семейных отношений, будь то «партнерство» или «доминирование», не гарантируют гармонии: **они продиктованы законами отношений между людьми в нашем эгоистическом обществе.** Однако семья – это не просто общество в миниатюре. У нее есть другое, более высокое назначение, которое ныне практически забыто, поскольку мы отдалились от понимания истинной природы мужчины и женщины. И, возможно, разводы и бесконечные поиски «идеального» супруга вызваны неосознанной неудовлетворенностью людей общепринятыми моделями семейной жизни.

Обратимся к древней мудрости: *ведь когда-то союз мужчины и женщины считался священным.* Так, в китайской философии мужское и женское начала, существующие в разных формах в Природе, рассматривались как противоположные и взаимодополняющие. Их соединение порождает гармонию и совершенство.

Древнегреческий философ Платон создал прекрасную легенду о том, что первоначально люди были двуполыми, а потом разделились на мужчин и женщин, и с тех пор все мы ищем свои утраченные «половинки», без которых чувствуем неполноту, ущербность.

Эти идеи дают нам ключ к пониманию интегральной семьи и интегральной любви – любви, которая создает равновесную систему, превращает семью в совершенный целостный организм.

Возможно ли создать такую семью сейчас? Безусловно, это трудная задача. Сначала следует построить новое общество и новую систему воспитания, пройти процесс «очищения» от устаревших стереотипов, изменить коренным образом себя, свою эгоистическую природу и свои взгляды на отношения между людьми, в том числе и в семье. Только тогда будет преодолен в глобальных масштабах кризис семьи и появится основа для появления и широкого распространения семьи нового типа.

И все-таки эта задача для каждого из нас не безнадежна. Интегральные связи можно и даже необходимо формировать уже сейчас в кругу самых близких людей. Ведь семья, как и группа, – это маленькая лаборатория для исправления человека, своего рода школа, где можно тренироваться, экспериментировать, чтобы достичь главного результата – создания правильных взаимоотношений. Это придет супружеству совершенно новое измерение и открывает супругам новое видение друг друга и окружающего мира в целом.

ПОДНЯТЬСЯ НАД ЭГОИЗМОМ

Этого можно добиться, только встав над своим эгоизмом, личными расчетами. Именно такая связь, с точки зрения интегрального подхода, и называется любовью.

Существует много способов создать интегральную связь между супругами. Например, начать можно с очень простых и вместе с тем очень сложных вещей – взаимных уступок, постепенного движения навстречу друг другу. Когда влюбленность проходит, в характере партнера мы обычно начинаем видеть недостатки, и со временем число их почему-то не уменьшается, а увеличивается. Партнер начинает вызывать раздражение, становится неинтересным, а его недовольство и требования пробуждают только сопротивление. Это – одна из главных проблем семейной жизни.

Чтобы изменить ситуацию, не стоит уступать в привычном смысле слова – подчиняться партнеру. Нужно сделать то же самое, что мы делаем в интегральной группе: «подняться» над своим эгоизмом, включиться в своего, казалось бы, такого знакомого партнера, посмотреть на мир его глазами. Правда, чем больше человек «поднимается» над собой, чтобы пойти на уступки, тем сильнее будет проявляться его эгоизм, тем больше изъянов он увидит в супруге.

Но и это нужно и можно преодолеть – ведь мы, как в зеркале, видим в другом самих себя со всеми присущими нам недостатками.

А потом снова придется «подняться» над эгоизмом, снова закрывая недостатки любовью.

И, в конце концов, супруги обретут новое интегральное видение реальности и новую силу, которая является высшей формой любви – силу соединения, слияния друг с другом и со всем миром. Ведь все человечество, по сути, – одна большая семья.

ПОДВЕДЕМ ИТОГИ

Современная семья, как и все общество, переживает кризис. Отчасти он вызван ростом индивидуализма и эгоизма, стремлением к свободе от всех обязательств, в том числе и семейных, и с неумением строить правильные взаимоотношения с близкими.

Помимо этого, за разрушение семьи несет ответственность общество, которое предъявляет к работающим людям требования, не совместимые с потребностями семейной жизни.

Чтобы преодолеть кризис семьи в глобальных масштабах, нужно перестроить отношения между людьми в обществе, создать новую систему воспитания, изменить само представление о браке.

Однако и сейчас можно улучшить семейную жизнь и начать формировать интегральную семью – живую равновесную систему, основанную на альтруистической любви – взаимовключении партнеров.

ВОПРОСЫ К ПРОЙДЕННОМУ МАТЕРИАЛУ

1. Перечислите основные функции семьи а) для общества, б) для человека
2. Какие изменения происходят в современной семье? Что позволяет говорить о ее кризисе или гибели?
3. Чем объясняются эти изменения?
4. Как семья влияет на состояние общества, а общество – на отношения в семье?
5. Чем интегральная семья отличается от других типов семей (патриархальной, демократичной и т.д.)?

ТЕМЫ ДЛЯ ОБСУЖДЕНИЯ

- Как создать интегральную семью в эгоистическом обществе?
- Почему, выстроив правильные связи в семье, человек выстраивает правильные связи со всем обществом?

УРОК 9.
СФЕРА ТРУДА

9.1. Труд в начале XXI века
9.2. Конец «трудового общества» и «расточительной экономики»
9.3. Интегральная экономика
Подведем итоги
Вопросы к пройденному материалу
Темы для обсуждения

Хотя мы часто считаем работу неприятной, тяжелой обязанностью и с нетерпением ждем отпуска или мечтаем о пенсии, тем не менее это «неизбежное зло» играет гораздо более важную роль в нашей жизни, чем может показаться.

Что дает нам работа, помимо денег – главного источника существования? Социологи и психологи утверждают, что очень многое.

- Прежде всего, именно на работе мы можем проявить себя, приложить к делу свою творческую активность, способности, накопленные знания и умения.
- Даже самая рутинная скучная работа дает нам возможность делать одно общее дело с другими людьми, и благодаря этому расширяются наши социальные контакты, завязываются дружеские отношения. А работа творческая вдохновляет так, что труд превращается в удовольствие.
- Работа вносит в нашу жизнь разнообразие, отвлекает от повседневных домашних дел и личных проблем.
- Работа структурирует время, дисциплинирует нас, создает четкий ритм в нашей жизни.
- Любая работа, даже не самая интересная и перспективная, повышает самооценку человека.

Мы проводим на работе большую часть нашей жизни, и многие ее стороны так или иначе связаны с работой. Вот почему люди, оставшиеся без работы или оказавшиеся на пенсии, несмотря на материальный достаток, часто чувствуют себя потерянными, сбитыми с толку, ощущают скуку и апатию, теряют уверенность в себе и в своей социальной значимости.

9.1. ТРУД В НАЧАЛЕ XXI ВЕКА

ЭВОЛЮЦИЯ ТРУДА

Характер труда и условия работы могут быть очень различными. Они кардинально менялись на протяжении истории человечества. Большую ее часть человек был охотником и собирателем, потом – земледельцем. Основная часть работы выполнялась вручную в поле или дома, то есть работа и домашняя жизнь были слиты воедино. Каждый человек обычно был «мастером на все руки», имел несколько профессий, чтобы обеспечить себя и свою семью всем необходимым. Труд был подчинен природным циклам – смене сезонов, его ритм был неторопливым, орудия труда не менялись столетиями и даже тысячелетиями, и одни и те же навыки передавались из поколения в поколение.

В конце XVIII века в Западной Европе произошла промышленная революция, которая перенесла работу огромной массы людей на фабрики, заводы и в учреждения, подчинила ее ритму машин. Труд становился все более специализированным; возникло множество различных профессий, число которых продолжает расти. Вместо «мастера на все руки» появился узкий специалист и рабочий, выполняющий одну операцию на конвейере, так как трудовой процесс был разделен на отдельные элементы.

В последней трети XX века глобализация и новые информационные технологии вызвали очередные радикальные изменения в сфере труда и занятости. Возникла «экономика знания». С неимоверной быстротой меняется спрос и предложение, появляются новые товары, для производства которых нужны новые предприятия или новые отрасли и новые профессии, требующие особой подготовки. Компьютеры позволяют осуществлять эту перестройку с большой скоростью.

Что же эти изменения приносят человеку?

ТРУД В УСЛОВИЯХ ГИБКОГО ПРОИЗВОДСТВА

В XXI веке производство стало более гибким: оно ориентировано не только на штамповку в огромных количествах стандартных товаров, но и на создание небольших партий продукции более индивидуального характера. Например, автомобильные компании производят разные модели машин, предназначенные для разных потребителей – для женщин, для молодых, небогатых людей и т.д.

Гибкое производство требует *гибкой специализации*. Раньше рабочий изо дня в день выполнял одну и ту же операцию, а у служащего была постоянная должность и определенный круг обязанностей. Теперь требования выросли и стали гораздо сложнее.

Служащих часто «перетасовывают» и временно объединяют в команды (их называют «стручки») для выполнения каких-либо краткосрочных проектов и заданий. Такой принцип работы стал часто использоваться в рекламе и маркетинге, в индустрии информационных технологий. Специалисты собираются вместе, запускают, скажем, рекламную кампанию того или иного товара, а потом команду распускают, а ее участники включатся в новые команды и занимаются другими проектами. Таким образом, служащий много раз переходит из одной команды в другую, всякий раз приспосабливаясь к новым коллективам и к новым видам работ.

Групповой метод работы поощряется и на производстве. В США, а потом в Японии и в Европе еще во второй половине XX в. стали широко распространятся кружки качества. Члены этих кружков (от 5 до 20 человек) регулярно встречаются для изучения и решения различных производственных проблем, дополнительно обучаются и вносят свой творческий вклад в производственный процесс.

НОВЫЕ ТРЕБОВАНИЯ: ПЛЮСЫ И МИНУСЫ

Понятно, что «гибкие» работники должны иметь разносторонние навыки и знания, постоянно учиться и переучиваться, быстро адаптироваться к новым условиям и людям, мыслить нестереотипно. Все эти качества в наши дни очень востребованы и играют большую роль, когда речь идет о приеме на работу. Многие современные работодатели хотят иметь так называемых «многоквалифицированных» сотрудников, которые способны выполнять широкий спектр обязанностей, схватывать новые идеи и осваивать новые технологии.

Раньше образование и квалификация считались главными достоинствами, но ситуация заметно изменилась. *Если человек не в состоянии творчески применять свои знания в новых обстоятельствах и узкая квалификация мешает ему мыслить широко и свободно, то он вполне может оказаться в проигрыше.* Некоторые компании предпочитают даже нанимать способных инициативных неспециалистов, которые будут приобретать новые навыки на работе.

Исследование Фонда Джозефа Раунтри, проведенное в 90 гг. прошлого века, показало, что все больше стали цениться «персональные навыки». Среди них на первом месте стоят способность сотрудничать и вместе с тем работать совершенно самостоятельно, брать на себя инициативу, придумывать, перенимать и использовать новые творческие подходы.

Современные требования к работникам привлекательны тем, что открывают перед ними большие возможности для роста и самореализации, превращают их из пассивных исполнителей приказов начальства, «колесиков и винтиков» производственного процесса в активных соучастников общего дела.

Однако здесь есть и свои минусы. Возможность обучения или переобучения на работе открыта далеко не всем в равной степени: предпочтение обычно отдается более опытным людям, которые уже получили разносторонние навыки. Очень трудно приходится тем, кто долгие годы занимался рутинной однообразной работой, в которой творческие подходы были совершенно не нужны или просто не поощрялись начальством. Полное изменение стиля работы и отношения к ней, необходимость учиться и тратить на это дополнительные силы и время – далеко не все способны на такие «подвиги».

Все изменения, происходящие в сфере труда, естественно, сказываются на людях. Многие традиционные отрасли промышленности морально устаревают в результате появления новых технологий, проигрывают в напряженной конкурентной борьбе и закрываются. Тысячи рабочих теряют свои места, не имея специальных навыков, необходимых для устройства на другую работу. Другие компании и предприятия модернизируются, сливаются, пытаясь идти в ногу со временем, а потому сокращают рабочие места.

Страх потерять работу уже давно стал массовым явлением, и его испытывают все социальные слои – от простых рабочих и продавцов до университетских профессоров и топ-менеджеров. Оснований для этого более чем достаточно. Перспектива остаться без места – вполне реальная угроза практически для любого.

БЕЗРАБОТИЦА И ЕЕ ПОСЛЕДСТВИЯ

Мы уже говорили о том, что безработица стала не временным, а постоянным явлением и все попытки правительств ликвидировать ее или хотя бы сократить результатов не дают. Что значит быть безработным? Главным и очень болезненным последствием этого является потеря постоянного заработка. Лишь некоторые в состоянии скопить достаточно много денег, чтобы спокойно смотреть в будущее. Но большая часть людей, «выброшенных за борт», спокойствия не ощущает. Существуют, конечно, пособия по безработице, однако они есть не во всех странах мира и размер их неодинаков. В последние годы даже в преуспевающих странах Запада пособия стали заметно уменьшаться. Точно так же далеко не везде государство обеспечивает безработным достойное медицинское обслуживание и другие социальные льготы.

Кроме финансовых проблем, возникают и проблемы эмоциональные. Социологи отмечают, что люди, лишившиеся места работы, обычно переживают острый шок, потом отчаяние сменяется надеждой получить новую работу. К сожалению, не всегда эти надежды сбываются, и в результате человек, поняв до конца всю безвыходность ситуации, впадает в глубокую депрессию. С течением времени он, правда, привыкает к новым условиям жизни, но это часто сопровождается его деградацией как личности, не говоря уже об утрате профессиональных навыков, которые забываются очень быстро.

РАБОТА НА ИЗНОС

Страх перед увольнением заставляет людей работать более напряжённо, в усиленном темпе, чтобы соответствовать высоким требованиям «экономики знания». И работодатели с удовольствием этим пользуются. Многие жалуются, что рабочая неделя стала длиннее, а отпуска короче. В среде менеджеров и консультантов, например, все чаще возникают ситуации, когда люди работают по 60-70 и более часов в неделю.

Постоянные перегрузки на работе и нервное напряжение приводят к болезням и серьезным проблемам в личной жизни, на которую не хватает времени и сил. Родители, приходя домой уставшими, озабоченными или раздраженными, не могут уделить внимания ни детям, ни друг другу, ни самим себе. Жизнь современного работающего человека, несмотря на автоматизацию, не становится легче, она подчинена строгому распорядку, в котором практически не остается места для развлечений, общения с друзьями и родственниками, чтения серьезных книг. Особенно трудно приходится работающим матерям. Рано утром надо поднять детей, накормить их, отправить в школу, потом зайти за ними после работы, вечером заняться их уроками и многочисленными домашними делами.

«Коррозия характера» – так называется книга известного социолога Ричарда Сеннета, написанная в 1998 г. Гибкий подход к работе, по его мнению, с одной стороны, дает большую свободу, а с другой – порождает многочисленные ограничения. От трудящихся требуется быть мобильными, готовыми идти на риск, ставить перед собой краткосрочные цели, а не выстраивать карьеру постепенно, шаг за шагом. Все это несовместимо с преданностью, обязательствами, доверием и другими ценными качествами, которые объединяют людей.

«Верность становится помехой, а не достоинством... долгосрочные цели нарушаются, социальные связи не развивают-

ся, и доверие уменьшается. *Люди больше не могут понять, какой риск окупит себя, а старые «правила» повышения, отставки и вознаграждения кажутся более не применимыми»*[13].

(Э. Гидденс)

КОНЕЦ РАБОТЫ НА ВСЮ ЖИЗНЬ

Помимо страха потерять работу вообще, то есть остаться безработным навсегда, многих беспокоит и то, что они не могут рассчитывать трудиться постоянно на одном месте. Если раньше человек, как правило, до самой пенсии работал на одном и том же предприятии или в одной и той же организации, то теперь растет число тех, кто, делая карьеру, неоднократно меняют место работу, город и страну. Регулярные увольнения, наймы и снова увольнения – так складывается трудовая жизнь сотен тысяч людей. Некоторые социологи и экономисты утверждают, что эта тенденция набирает силу и будет появляться все больше «работников с портфолио» – с набором различных дипломов и аттестатов, которые можно предъявлять, кочуя с одной работы на другую.

Цифры и факты

Почему уборщик был счастлив? *Ричард Сеннетт, о котором мы уже упоминали, привел в своей книге очень поучительный рассказ о семье итальянского эмигранта Энрико из Бостона, который всю жизнь работал уборщиком в офисе. Эта работа была малопривлекательной и тяжелой, а оплата мизерной. Тем не менее она была надежной и давала чувство самоуважения и гордости за честный труд, позволяла уверенно планировать свое будущее и будущее детей. Энрико твердо знал, когда выйдет на пенсию и сколько денег будет в его распоряжении.*

---

13 *Гидденс Э.* Социология. – М., 2005. – С. 366.

Его сын Рико вместе со своей женой смогли добиться гораздо большего: они сделали успешную карьеру, хорошо приспособились к новой экономике, шли на риск, несколько раз меняли место жительства и стали вполне преуспевающими людьми. Однако, в отличие от Энрико, счастливыми себя не чувствовали. Рико, консультант, страдал от нехватки времени и от постоянного ощущения неопределенности: ведь его благополучие во многом зависело от успехов или неудач работы с клиентами. Жена, менеджер, руководила группой бухгалтеров, которые жили в разных городах, по телефону или электронной почте, не встречаясь лицом к лицу со своими подчиненными. Из-за частых переездов супруги растеряли друзей, плотный график работы мешал им как следует заниматься детьми.

9.2. КОНЕЦ «ТРУДОВОГО ОБЩЕСТВА» И «РАСТОЧИТЕЛЬНОЙ ЭКОНОМИКИ»

ОСОБЕННОСТИ СОВРЕМЕННОЙ БЕЗРАБОТИЦЫ

Вернемся еще раз к проблеме занятости, которая стала неразрешимой. Причин безработицы очень много. Целые отрасли промышленности закрываются или сокращаются, перемещаются в другие районы страны или в другие страны. На безработицу влияет международная конкуренция, неожиданные подъемы и спады в мировой экономике. Научно-технический прогресс идет быстрыми темпами, и для работы предприятий требуется все меньше людей и все больше машин. И, наконец, как мы уже говорили, без работы часто оказываются те, кто «отстал от жизни», не успел вовремя получить более высокую квалификацию.

Сегодняшние безработные уже не являются, как это было раньше, резервной армией труда. Они становятся «лишними» в прямом смысле этого слова. Лет сто назад во время кризисов закрывались заводы и фабрики, и люди, оставшись без работы, голодали, однако в конце концов кризис завершался, и те же самые фабрики и заводы открывались снова.

Сейчас фабрики, заводы или учреждения, раз закрывшись, чаще всего не открываются никогда, а если и открываются, то прежних рабочих мест там нет. То же самое касается и профессий: по мнению специалистов, в ближайшем будущем множество рабочих профессий исчезнут и появятся совершенно новые.

Учитывая все это, некоторые социологи стали говорить о «конце труда» или «конце трудового общества».

КОНЕЦ «ТРУДОВОГО ОБЩЕСТВА»?

В трудовом обществе, к которому мы принадлежим, все сферы жизни подчиняются труду, производственной деятельности. Труд не только обеспечивает человека средствами к существованию – от него зависит социальный статус, отношение окружающих и многое другое. Образование является прежде всего подготовкой к будущей профессиональной деятельности, свободное время – это всего лишь отдых, необходимый для того, чтобы снова вернуться к труду, а в конце человека ожидает пенсия – награда за годы, посвященные труду.

Вероятно, время «трудового общества» истекает. Конечно, это не означает, что работать больше не нужно, но труд – в том виде, в каком он существует сейчас, – уже не будет занимать центральное место в жизни человека и общества. Скорее всего, производственной деятельностью и управлением будет занята лишь небольшая часть общества – около 20%, как предполагают специалисты. Остальное население будет работать неполный день или останется без работы вообще.

Почему? Конечно, дело не только в техническом прогрессе, освобождающем человека от труда. Есть и другая, гораздо более важная причина. ***Современная экономика, рассчитанная на сверхпотребление, явно доживает свои последние дни.***

ЗАКАТ ЭПОХИ РАСТОЧИТЕЛЬСТВА

Сейчас в мире производится огромное количество ненужных вещей или вещей, которые специально сделаны так, чтобы их пришлось быстро выбросить. В производство вкладываются колоссальные средства, хищнически расходуются невозобновимые природные ресурсы, растут горы мусора – и все это для того, чтобы выпустить новую модель мобильного телефона или автомобиля, которая отличается от прежней только улучшенным дизайном и дополнительными опциями.

«Расточительная» экономика, надо заметить, совершенно не характерна для человечества: на протяжении почти всей истории люди, даже зажиточные, обладали, по сравнению с нами очень небольшим количеством вещей, относились к ним бережно и расставались с ними неохотно. Расточительность появилась относительно недавно. Даже наши бабушки и дедушки наверняка ужаснулись бы, увидев, как мы обращаемся с «одноразовыми» вещами.

Неразумная «расточительная» экономика заведомо обречена в мире, который находится на грани экологической катастрофы и исчерпания природных ресурсов. Хотим мы этого или нет, сама логика истории приведет к сокращению лишнего производства и, следовательно, к очень значительному сокращению рабочих мест. Насколько опасна эта ситуация? И существует ли какой-то выход из нее?

Многомиллионная армия безработных уже сейчас представляет большую угрозу для общества, и по мере ее увеличения угроза будет возрастать. Масса недовольных озлобленных людей, лишенных естественного права на труд и ведущих полунищенское существование, – это постоянный очаг протеста, который может выливаться в страшные формы.

В последнее время появилась особая категория людей, которые не хотят работать. Но в мире гораздо больше тех, кто стремится получить работу любой ценой. Рынок труда переполнен, и приток желающих не ослабевает, а усиливается.

Современное общество не в состоянии обеспечить безработным нормальную полноценную жизнь. И речь идет не только о материальном достатке, но и о том, чтобы люди были чем-то заняты и ощущали себя нужными обществу.

ДЕФИЦИТ СОЦИАЛЬНОГО КАПИТАЛА

Экономисты и социологи достаточно давно признали, что капитал – это не только земля, предприятия, машины и не только знания и профессиональные навыки работников. Не менее важным является социальный капитал – способность людей создавать сообщества и социальные сети и работать вместе в одном коллективе ради достижения общей цели.

Уровень социального капитала имеет принципиальное значение для каждой отдельной организации, для всей экономики и для жизни общества в целом. По мнению известного французского социолога Пьера Бурдье, который впервые ввел это понятие в 1980 г., социальный капитал – мощный ресурс для получения выгоды, ибо, чем он больше, тем меньше требуется бюрократической волокиты, тем быстрее и эффективнее идет работа.

С тех пор появилось много теорий социального капитала (Дж. Коулмена, Р. Патнэма, Фр. Фукуямы), которые имеют некоторые различия, однако во всех подчеркивается, что главные его компоненты – это наличие прочных социальных взаимосвязей и взаимозависимостей, а также доверия. Ведь доверие дает уверенность в том, что окружающие будут вести себя предсказуемо и честно, выполнять свои обязательства, учитывать интересы партнеров и соблюдать общепринятые нормы. Причем, доверие должно распространяться не только на членов какого-либо коллектива, но и на максимально большое число «чужаков» – тогда удастся создать взаимосвязи и социальные сети, охватывающие регионы, страны и даже континенты.

В современном глобальном мире потребность в социальном капитале очень высока, однако уровень доверия остается пока низким.

Цифры и факты

Лишь в немногих странах, как правило, небольших, уровень доверия остается удовлетворительным. Лидерами социального капитала считают Новую Зеландию, Швейцарию, Швецию, Японию. А вот социальный капитал России невелик.

Согласно опросам, только 23% россиян склонны доверять окружающим, в то время как в Швеции «доверчивые» составляют 74% населения. (Леонид Полищук, Ринат Меняшев. Миф о социальном капитале России //Forbes. 10.08.2010 http://www.forbes.ru/column/54307-mif-o-sotsialnom-kapitale-rossii)

Широко рекламируемые групповые методы работы, «дух команды» и попытки, подражая Японии, представить предприятие или корпорацию как одну большую семью, к сожалению, чаще всего лишь красивый фасад. А что происходит за ним? В трудовых коллективах царит острая беспощадная конкуренция, конфликты, вызванные завистью, соперничеством и интригами, прагматическим отношением друг к другу, взаимным нежеланием и неумением понять друг друга и пойти на уступки.

И это естественно: социальный капитал очень трудно увеличить в условиях расцвета индивидуализма, гораздо легче сделать вклад в разработку и внедрение новых технологий и профессиональное обучение. Социальный капитал, как считает Фр. Фукуяма, «вырастает из приоритета общественных добродетелей над индивидуальными».

9.3. ИНТЕГРАЛЬНАЯ ЭКОНОМИКА

ЭКОНОМИКА ВЗАИМНОГО ПОРУЧИТЕЛЬСТВА И РАЗУМНОГО ПОТРЕБЛЕНИЯ

Важнейшие проблемы нашего времени можно решить, создав интегральное общество, которое сформирует новую интегральную экономику, тогда естественным образом изменятся и наши потребности, и наши традиционные представления о труде. Место «расточительной» экономики займет экономика «разумного потребления». Отпадет необходимость в конкуренции в нынешнем ее виде: в экономике, основанной на знании взаимосвязанности системы и принципе взаимного поручительства и полного взаимного доверия, устанавливаются совершенно иные, конструктивные отношения между различными фирмами и предприятиями, между сотрудниками, между продавцом и потребителем, ставящие в приоритет качественное поддержание жизнеспособности общества в целом.

Относительное равенство. Создание интегрального общества предусматривает осознанное развитие, основанное на законах природы и не подразумевает механическую «уравниловку»: попытки ввести ее случались неоднократно, и исторический опыт убедительно показал, что этот путь ожидаемых результатов не дает. Однако катастрофическая разница в доходах, которая в наши дни приводит к опасной поляризации социума, и избыточная роскошь – все это постепенно исчезнет, по мере того как будут меняться запросы людей, их приоритеты, потребности и жизненные цели.

«Новый труд». Мы привыкли считать, что «трудиться», «работать» – значит производить нечто материальное, вещи или продукты. Не случайно многие скептически относятся к интеллектуальному труду – ведь он не приносит немедленных и осязаемых результатов.

Понятие «труд», очевидно, придется переосмыслить. Современным работающим людям некогда жить, они живут «на бегу» и, как правило, не умеют использовать свое свободное время, если оно все-таки появляется. И все это ради работы, которая, к сожалению, очень часто не приносит обществу пользы. Между тем освободившиеся от такой бесплодной работы время и силы можно потратить на другие занятия, ценность которых давно забыта: на совершенствование самих себя, на развитие нового типа отношений между людьми, на различные общественно-полезные работы, на обучение и воспитание детей и взрослых, наконец, просто на создание хорошего настроения у окружающих. ***Все эти занятия – тоже работа, очень важная, потому что она направлена на создание и поддержание правильных, гармоничных связей в обществе***, и совсем не легкая, требующая от человека знаний, определенных навыков и больших усилий.

У каждого человека есть свои индивидуальные таланты и способности, присущие только ему, поэтому вклад каждого является ценным и уникальным для общества. Нужно только создать условия для раскрытия творческого потенциала.

В интегральном обществе поддерживается баланс между теми, кто производит все необходимое для жизни, и теми, кто создает столь же необходимую «правильную», хорошую атмосферу, окружение, проводит обучение, формирует новую культуру.

Но хватит ли на это средств? И откуда их взять?

КАК ОБЕСПЕЧИТЬ ВСЕ НАСЕЛЕНИЕ ЗЕМЛИ?

При сбалансированном разумном потреблении это вполне возможно, потому что постепенно будут высвобождаться и правильно распределяться огромные средства, которые сейчас расходуются, не принимая в расчет необходимость обеспечения жизнеспособности связанной системы, исходя из эгоистических расчетов. Приведем несколько примеров.

> **Цифры и факты**
>
> В начале XXI века 0,1 % населения планеты располагает 42 триллионами долларов. Этой астрономической суммы вполне хватило бы, например, на общеобразовательные и университетские программы для всего населения Земли на протяжении 200 лет!
>
> По данным британской благотворительной организации Oxfam, доходы 100 богатейших жителей планеты достигли в 2012 году 240 миллиардов долларов. Для искоренения нищеты среди беднейших слоев населения мира, как полагает Oxfam, хватило бы и 25% доходов первой сотни супербогатых.
>
> Еще один способ «разгрузить» экономику связан с сокращением или ликвидацией военных расходов. В наши дни 21 развивающаяся страна тратят на вооружение средства, 10% которых хватило бы на школьное образование 9,5 миллионов детей.

Сколько ненужных вещей скапливается даже у нас дома! Если каждый человек, предприятие, организация будут ощущать себя частью одной глобальной семьи, обнаружатся огромные излишки товаров, услуг, пищи и предметов быта. Все это можно передать другим и использовать по назначению.

А кроме того, понизится стоимость жизни – отчасти потому, что само собой исчезнет искусственно навязанное нам стремление к сверхпотреблению, а отчасти, потому, что сегодняшние цены на товары и услуги, как хорошо известно, крайне завышены. Ведь деловые структуры стремятся любыми способами увеличить прибыль.

Главное – думать не о своей выгоде, а о том, как помочь друг другу, придерживаться в своей деятельности принципа взаимного поручительства, принимать в расчет общее благо. Это и есть самый главный неисчерпаемый источник экономических ресурсов.

ПОДВЕДЕМ ИТОГИ

В современной экономике, а значит, в сферах труда и занятости, под влиянием глобализации и новых технологий происходят большие изменения. Рост безработицы и требований, которые предъявляются к работникам, побуждают людей трудиться в чрезмерно усиленном темпе и с большим напряжением, что пагубно сказывается на их здоровье, семейной жизни, на характере и внутреннем мире.

Экономисты предполагают, что в недалеком будущем производственной деятельностью и управлением будут заняты только 20 % населения Земли. Это вызвано, с одной стороны, техническим прогрессом, а с другой – тем, что экономика сверхпотребления исчерпала себя, поставив человечество на край гибели.

История ведет нас к новой интегральной неконкурентной экономике, основанной на принципе взаимного поручительства, и новому типу труда. Ценность труда сохранится, однако его характер будет другим, так как интегральное общество будет нуждаться не только в производстве материальных благ, но и в воспитании человека, в создании и поддержании правильных, гармоничных отношений между людьми. В интегральном обществе каждый человек будет востребован и, работая на благо других, сможет раскрыть свой внутренний потенциал.

ВОПРОСЫ К ПРОЙДЕННОМУ МАТЕРИАЛУ

1. Почему работа занимает важное место в жизни человека?
2. Как влияют на нас новые условия труда и новые требования, которые предъявляет «экономика знаний»?
3. Почему невозможно ликвидировать безработицу?
4. Каковы особенности интегральной экономики и труда в интегральном обществе?

ТЕМЫ ДЛЯ ОБСУЖДЕНИЯ

- Что такое «разумное потребление» и «относительное равенство»? Моделируем новую экономику.

ЗАКЛЮЧЕНИЕ

Дорогие читатели!
Сейчас вы открыли последнюю страницу учебника, и это значит, что настало время подвести итоги. Мы надеемся, что вы получили новые знания о мироздании и его законах, о природе человека и о логике истории человечества, о нашем интегральном будущем, и ваше представление об окружающем мире стало более четким и цельным.

Мы надеемся также, что вы, сделав первые шаги на пути овладения интегральностью, приобрели новый опыт общения с людьми и сможете использовать его в самых разнообразных жизненных ситуациях, соразмеряя свое поведение с моделью интегральных отношений.

Безусловно, здесь вас подстерегают трудности и, возможно, разочарования, но важно уже то, что именно интегральность, а не эгоизм будут для вас точкой отсчета. Любые попытки, пусть даже не очень удачные, будут постепенно вводить интегральные отношения в нашу повседневность.

Но главное – они помогут вам разобраться в самих себе, ощутить в себе силы отдачи и получения и постараться привести их в равновесие. Любой человек, который развивает в себе эту способность, начинает совсем по-другому чувствовать свою связь не только с другими людьми, близкими и далекими, но и с общей глобальной системой Природы, ощущает себя ее частью и, таким образом, поднимается на новую ступень – человека в истинном смысле этого слова, включенного в огромное интегральное целое и подобного ему.

Такова наша цель на сегодняшний день: изменить свое сознание до такой степени, чтобы понять, что собой представляет эта система и для чего мы находимся в ней. Ведь мы – создания, наделенные совершенно уникальным потенциалом развития. Это развитие – пойдет ли оно добровольно или насильственно – должно закончиться тем, что каждый отождествит себя со всеобъемлющей Природой и достигнет в ней равновесия, установит совершенную связь. На этой основе будет построено новое общество, не стоящее над Природой, а органично включенное в нее. Из мира потребления, в котором сила отдачи используется ради получения, мы придем в мир отдачи, где сила получения окажется «в услужении» у эгоизма. Совместив эти две силы, человечество станет активным, по-настоящему созидательным элементом мироздания и обретет жизненную силу, нехватка которой так остро ощущается сейчас.

ПРИЛОЖЕНИЕ

МЕТОДИКА ИНТЕГРАЛЬНОГО ВОСПИТАНИЯ

1. Мир готов к переменам: как изменить восприятие?
2. Практические инструменты Методики интегрального воспитания
   2.1. Круглый стол.
   2.2. Игры
   2.3. Рефлексия и обмен впечатлениями

1. МИР ГОТОВ К ПЕРЕМЕНАМ: КАК ИЗМЕНИТЬ ВОСПРИЯТИЕ?

Итак, наш эгоизм, желание наслаждаться всем, чем угодно, – желание получать – выросло с течением истории до такой степени, что сегодня полностью доминирует над альтруизмом. Мы не знаем, как справиться с формирующейся в нашем обществе интегральной системой, которая управляется пока лишь одной силой – силой эгоизма. Все системы природы находятся в равновесии: против каждой отрицательной силы есть положительная – на уровнях неживой, растительной и животной природы. Однако на уровне «говорящего», на уровне «человека» нет силы, которая уравновешивала бы наш эгоизм (отрицательную силу).

Чтобы исправить эту ситуацию, мы можем воспользоваться современными технологиями и самостоятельно создать положительную силу – силу интеграции, объединения.

Все начинается с группы

Для практический реализации методики мы целенаправленно создаем специально организованную среду, способную стать образцом новой системы взаимоотношений.

Когда мы объединяемся в маленькие группы и начинаем правильно взаимодействовать друг с другом, система начинает работать: я слышу других, они слышат меня, и мы стараемся прийти к такому взаимодействию, чтобы ощутить между нами общее чувство, наш общий разум. И тогда через это объединение мы начинаем чувствовать силу единства, силу объединения.

В систему образования вводится понятие окружения – основного фактора, влияющего на развитие и формирование человека, его ценностей и идеалов. Форма группового взаимодействия при обучении, построенная по принципам гармоничного сосуществования с окружающими, позволяет реализовать на практике принцип направленного воздействия окружения.

Ощущение групповой сплоченности и единства постепенно связывается с соединенностью всех систем и элементов окружающей действительности. *Общество становится творческой «лабораторией», мастерской, в которой зарождается новое окружение, уже меняющееся и благоприятно влияющее на человека.* Возможность изменить себя и окружающих больше не кажется фантастической идеей, поскольку становятся понятными и даже очевидными принципы дальнейшей работы.

Весь методический блок плавно подводит человека к принципам работы в кругу, учит понимать и чувствовать состояние других за их поведением и словами. Благоприятная атмосфера в группе позволяет «обмануть» персональный эгоизм, демонстрируя ему пользу и выгоду от совместной работы. Игра в идеальный коллектив постепенно приводит к принятию совместных решений и ощущению семьи в группе.

Желая провести людей через процесс, полный значимости и чувства, мы используем несколько методов, среди которых главные – это круглый стол, игры и рефлексия.

2. ПРАКТИЧЕСКИЕ ИНСТРУМЕНТЫ МЕТОДИКИ ИНТЕГРАЛЬНОГО ВОСПИТАНИЯ

2.1. КРУГЛЫЙ СТОЛ

Круглый стол – это основное средство объединения людей, способное переводить их из состояния «я» в состояние «мы». Фактически каждый, кто принимал участие в *правильно организованном* круглом столе, открыл для себя особые процессы, которые ему присущи: меняются взаимоотношения между участниками, проявляются совершенно новые ощущения единства, тепла и радости. Несомненно, только в такой атмосфере можно принять *верное* решение.

Что требуется, чтобы создать «правильный» круглый стол?
- Десять участников.
- Тема обсуждения, имеющая отношение к каждому из них.
- Вопросы для обсуждения, цель которых – провести участников между заданными моментами практического характера.
- Квалифицированный ведущий, который ведет обсуждение так, чтобы: 1) участники создавали между собой теплую атмосферу поддержки и единства; 2) участники не отклонялись от темы обсуждения и не превышали отведенного ему времени; 3) в конце обсуждения участники достигли результата.
- Секретарь, записывающий различные суждения и способствующий выработке общего мнения.
- Соблюдение правил круглого стола.

Десять правил круглого стола
1. Равенство. В кругу нет более и менее важных. Все равны и очень важны!
2. В кругу обсуждается только одна тема: все вместе мы обсуждаем одну общую тему, выбранную заранее, внимательно выслушиваем вопросы ведущего и не отклоняемся от темы дискуссии.

3. Каждый участник высказывает свое мнение: так все вносят свой вклад в общее решение. Когда каждый участник приводит свою точку зрения и объединяет ее с мнениями других, все мы обогащаемся, начинаем лучше слышать и понимать – не только других, но и себя. С другой стороны, кто хранит молчание, тот словно недодает необходимый ингредиент для блюда, которое мы готовим все вместе.
4. Мы все слушаем других. Мы высказываемся по очереди, не перебивая друг друга. Внимательно слушая того, кому настал черед говорить, мы пытаемся почувствовать его, понять и слиться с его мнением. И так же действуем по отношению ко всем остальным.
5. Нет споров, критики и оценочных высказываний. Мы не спорим, а полностью принимаем точку зрения остальных участников и добавляем к ней свое мнение. Нет верных и неверных суждений. У всех мнений есть право на существование. Не отрицая позиций кого-либо из участников, мы дополняем друг друга и получаем новую точку зрения на проблему – благодаря тому, что рассматриваем ее глазами всех присутствующих.
6. Все мы воздерживаемся от побочных разговоров. Мы не переходим к личным обсуждениям и не задаем друг другу вопросы – действия такого рода разрушают круг. Высказываясь, каждый участник обязан избегать «перехода на личности» и как будто обращаться в «центр круга».
7. Приподнимаемся над отторжением. Стараясь преодолевать несогласие между нами, мы рассматриваем проблему глазами всех. Мы учимся уступать друг другу и радуемся тем моментам, когда появляется возможность для общего продвижения и роста.
8. Избегаем шаблонов и клише, стараемся говорить честно. Мы говорим только то, что чувствуем или думаем, не опираясь на те или иные «авторитетные мнения». Круг «работает», только когда участники честны друг с другом и максимально открыты друг другу.

9. Решение принимается вместе. Мы стремимся принять решение единогласно, исходя из «точки» взаимопонимания и единства. «Точка» эта рождается в конце беседы, когда личные мнения всех участников аккумулируются в общее мнение.
10. Мы ставим перед собой возвышенную и благородную задачу – создать общее поле заботы, тепла, уверенности и поддержки. Слушая говорящего, каждый старается чувственно, эмоционально приобщаться к нему, создавать для него максимально удобную и приятную атмосферу. Во главе наших приоритетов – создаваемая нами атмосфера единства, и лишь затем следует решение, которое мы примем вместе.

Почему круглый стол «работает»?

В жизни каждый стремится доказать правоту своего мнения и мировоззрения. Это можно видеть во всех сферах нашей деятельности: в политике, бизнесе, в образовании и в семейных отношениях.

Круглый стол позволяет нам отведать вкус другого мира, в котором каждый может без опаски выражать свою точку зрения, зная, что ее услышат и примут во внимание. Когда начальники, работники, члены семьи и другие люди начинают проникаться этой особой атмосферой, они обнаруживают в ней силу, которую не объяснишь словами. И тогда они уже не могут вернуться к прежнему образу действий.

Почему так происходит? Потому что круглый стол помогает воссоздавать теплые отношения, первоначально созданные между людьми самой Природой, которые со временем были полностью разрушены нашим растущим эгоизмом. Приводя формат круглого стола в соответствие с форматом человеческого общества, находящегося в равновесии с Природой, мы вызываем на себя воздействие тех сил, которые помогают нам ощутить это естественное, приятное и возвышенное состояние.

2.2. ИГРЫ

Игра – ключевое средство развития как человека, так и природы. Фактически на протяжении всей нашей жизни мы ведем игру, правила которой меняются в зависимости от людей, с которыми мы контактируем, и ситуаций, в которые попадаем.

Как методический инструмент игра позволяет изучать мир и системы нашей взаимосвязи – на личном опыте, чувственном и рассудочном. Процессы, возникающие во время игры, побуждают нас действовать непривычным для себя образом и бросают вызов нашим способностям.

Кроме того, игровая форма создает для нас надежную территорию для новых проб и испытаний. Ведь это только игра, а в игре позволено всё.

В преподавании игра служит отличным инструментом, позволяющим приобщать участников к модели будущего объединенного состояния, к которому все мы стремимся.

Оказавшись в игровых рамках, участники легко откликаются, энергично и радостно выполняя любую задачу.

К тому же игра дает возможность без труда менять атмосферу: с серьезного настроя на раскованный, с рассеянности на сплочение, с усталости на бодрость, с прохладных отношений на тепло и волнение и т.п.

Наша образовательная методика делает особый акцент на объединяющих играх, потому что человек может цвести лишь там, где складываются правильные отношения между людьми.

Объединяющие игры поощряют отношения, базирующиеся на взаимозависимости и сотрудничестве между участниками. Игры разрабатываются так, что успех в них возможен только при условии, что все вносят свой вклад в общее дело.

Главный посыл игр состоит в том, что если мы объединяемся, если кооперируемся и считаемся друг с другом, прислушиваемся друг к другу, то получаем удовольствие и достигаем успеха!

Виды игр

Различные игры можно разделить на несколько категорий по тем задачам, которым они служат.

1. Игры, презентующие ведущих.

Задачи: смягчить атмосферу, сломать лед, создать дух непринужденности, настроить на радость и объединение и в то же время позиционировать инструктора как опытного человека.

Особенности: неординарная самопрезентация.

2. Игры для разминки и знакомства

Задачи: смягчить атмосферу, оживить связь между участниками, создать дух непринужденности, радости и единения. Эти игры служат знакомству между участниками, открывают встречу, концентрируют внимание, а также облегчают переходы между различными видами деятельности.

Особенности: простое и приятное задание, собирающее группу вокруг центральной точки объединения.

3. Сплачивающие и объединяющие игры

Задачи: сбросить оболочку своего «Я» и ощутить понятие «мы», раскрыть тепло и сердечность, подключиться к общему сердцу и разуму, дать пример реализации интегрального подхода в различных сферах жизни.

Особенности: эти игры бросают вызов, их правила и задачи подвигают к взаимозависимости и сотрудничеству. Игра выстраивается на совместном креативе и на том принципе, что преуспеть можно только если все участники действуют сообща. Объединяющие игры требуют внутренних эмоциональных усилий по отношению к товарищам.

4. Игры, инициирующие обсуждение

Задачи: создать предварительный чувственный опыт, который побудит участников к продолжению совместного размышления и анализа. Один из примеров: игры на смекалку, задача которых – передать участникам посыл на личном опыте.

Другой пример – ролевые игры, которые знакомят участников с человеческой природой и помогают отождествить себя с другими. Цель обсуждения – провести участников на новый уровень чувства и разума, более высокий и глубокий, чем тот, которого они достигли бы в одиночку. Чтобы обсуждение было успешным, следует придерживаться правил круга (равенство, внимание, возможность каждому выразить себя).

Особенности: игры на смекалку характеризуются трудным групповым заданием. Попытки выполнить его заставляют участников прояснять то послание или тот принцип, который мы хотим передать им.

Ролевые игры характеризуются моделированием различных ситуаций. Чтобы справиться с ними, участники должны «облачаться» в мировосприятие самых разных персонажей.

5. Игровое обсуждение

Цель обыгрывания обсуждений: поощрить игроков к участию в групповой дискуссии, где они будут наравне высказывать свои мнения в приятном и нестандартном формате.

Особенности игрового обсуждения: сочетание игровых заданий и добавляющих динамичности ограничений, удовольствие и подключение к групповой дискуссии.

6. Игровые платформы

Задачи: придать игровую окраску однозадачным сферам, как-то: выполнение заданий, приобретение навыков, рабочие поручения.

Особенности: игровая платформа – это модель, которую можно адаптировать под различные задачи. Такие игры обеспечивают разнообразные и креативные средства для проведения групповых встреч, будь то деловые заседания, подготовительные занятия перед экзаменами, семейные мероприятия, круглые столы и др.

7. Игры для восстановления сил

Задачи: объединить участников в круги после интенсивной работы, перемешать их, стабилизировать их эмоциональное состояние, поднять им настроение, снять напряжение и придать силы для дальнейшего пути.

Особенности: игры для восстановления сил отличаются лёгкой и приятной формой. Их цель – объединить участников, вернуть их в состояние общего комфорта и внимания, не загружая умственной работой. Эти игры должны высвобождать напряжение и по возможности поощрять к физической активности.

8. Итоговые игры

Задачи: поделиться впечатлениями в тёплой, раскрепощённой атмосфере, укрепить взаимную отзывчивость, единство и вовлечённость среди участников и завершить встречу на тёплой, позитивной ноте.

Особенности: итоговые игры создают в конце дня цельную картину, обновлённый центр интереса и внимания. Они объединяют впечатления и выводы участников в приятной и даже смешной форме, а также поощряют каждого к тому, чтобы выслушать товарищей и, в свою очередь, внести вклад в подведение общего итога.

9. Игры за накрытым столом

Задачи: создать тёплую атмосферу объединения в процессе еды.

Особенности: в связи с ограниченными возможностями движения и необходимостью принимать пищу аккуратно мы используем свой голос и прибегаем к минимальным движениям, кооперируясь с соседями справа и слева.

10. Игры во время перерывов

Задачи: проиллюстрировать участникам, что создание между нами интегральных взаимосвязей продолжается непрерывно, повсюду, в том числе и вне мероприятий курса.

Особенности: участники нуждаются в том, чтобы выйти, передохнуть, потянуться всем телом. Мы используем это, помогая им усвоить, «переварить» всё то, что они ощутили и поняли по ходу занятий. Кроме того, сюда входят задания по объединению посредством простых ежедневных действий, будь то разговоры или приём пищи.

Инструктору: советы и критерии по выбору и созданию игр

Хорошая игра не должна	Хорошая игра должна
Побуждать к соревнованию	Объединять
Вызывать споры	Постоянно укреплять объединение
Предоставлять относительные преимущества	Демонстрировать, что когда все побеждают, я тоже побеждаю
Ставить в неприятное или неловкое положение	Обучать
Быть непонятной	Радовать
Вызывать травмы	Быть динамичной
Тянуться слишком долго	Быть простой и понятной
Оставлять возможность для провала	Усиливать чувства уверенности и теплоты, испытанные в процессе деятельности
Пугать или вызывать опасения	Обогатить каждого члена группы накопленными впечатлениями и умозаключениями

2.3. РЕФЛЕКСИЯ И ОБМЕН ВПЕЧАТЛЕНИЯМИ

Рефлексия для участников – это самостоятельное осмысление пройденного процесса и отправка наиболее значительных впечатлений в центр круга. Рефлексия призвана усилить в участниках ощущения подъема.

Главная задача – проанализировать и подытожить деятельность круга и обсудить степень единства, достигнутого группой в ходе основных этапов своей опытной работы. Как следствие, создается надежный, общепринятый задел для сохранения достигнутого и будущих улучшений, чем прокладывается мостик к следующей встрече.

Почему так нужна рефлексия? Она помогает участникам развивать свои интегральные способности: понимать, в чем они должны будут поступиться собой и поддержать других, в каких случаях им придется взять на себя ответственность и повести других вперед. Иными словами, рефлексия учит тому, как стать здоровой клеткой социального организма.

Практически рефлексия может оказаться важнее самого опыта, потому что он переносит чувства и впечатления в осознанное когнитивное пространство, то есть превращает переживание в смысловой итог. Без подытоживающей рефлексии, без общего вербального разбора участниками пройденных этапов игра или обсуждение в кругу не запечатлеются как значительные переживания и, возможно, будут забыты.

Когда проводится рефлексия?

Рефлексию можно провести в любой момент в течение дня или мероприятия. В начале дня она может служить вступительным обсуждением, призванным воссоединить участников, после того как они не виделись некоторое время.

Рефлексия может завершать игру или другую совместную деятельность, задача которой – изменить к лучшему эмоциональное состояние участников; или значимое обсуждение в кругу, короткий перерыв и, разумеется, всю встречу в целом.

Ключевое правило таково: чем существеннее для группы текущее упражнение или текущая задача, тем больше времени желательно уделить последующей рефлексии.

Как проводится рефлексия?

Рефлексия проводится согласно правилам круга: каждый вкратце высказывает свою точку зрения по поводу пройденного дня или завершенного этапа, не отрицая и не отвергая предыдущие выступления, но лишь дополняя их по мере сил.

Задача – создать между участниками общую картину. И потому каждый должен понимать, что его личное мнение представляет только один ракурс из множества.

Проводя рефлексию, мы назначаем секретаря, который записывает слова участников. Модератор направляет круг четкими вопросами.

Чтобы соблюдать принцип равенства, важно вести рефлексию по кругу в рамках очередности.

Какие вопросы задаются при рефлексии?

Характер вопросов может меняться в зависимости от хода деятельности и показателей объединения между членами группы. В процессе работы инструктор должен следить, не возникают ли у участников особые трудности (и если да, то какого рода), как чередуются в их среде эмоциональные состояния, в чем они достигают успеха, а в чем нет, и т.п. Эти наблюдения могут определить характер вопросов в конце упражнения.

Инструктор предлагает участникам по очереди поделиться впечатлениями от пройденного этапа. Желательно начать с максимально открытых вопросов, чтобы получить полный спектр откликов. А затем от вопроса к вопросу, сокращать диапазон, чтобы вынести нужные инструктору посылы и заключения.

Кроме того, стоит начать рефлексию с таких вопросов, которые вызовут позитивные впечатления о процессе и участниках, затем углубиться в анализ происшедшего и завершить его вопросом, опять-таки располагающим к позитивным эмоциям.

Примеры вопросов:
- Как мы подытожим пройденный день?
- Чему новому я научился? Что узнал о себе? Что узнал о группе?
- Что приятно удивило меня в участниках круга? (либо попросить высказать комплимент соседу слева или справа)
- Что получил лично я и что получила моя группа от этой встречи?
- Что я чувствовал поначалу в сравнении с тем, что чувствую сейчас? Как изменились мои ощущения в результате самой деятельности и в результате работы с товарищами по кругу?
- Что, по моему мнению, мы можем добавить? Есть ли у меня конкретные рацпредложения?

- Какие пожелания и предложения есть у меня по дальнейшей совместной работе?
- Что меня порадовало?

Условия и рекомендации для качественной рефлексии

- Бо́льшую часть изученного материала мы усваиваем неосознанно. Обсуждение в кругу проходит очень динамично, и, чтобы продвигаться к новым суждениям, выстраивать взаимосвязи и понимать проблемы глубже, нам необходимо выделять время на размышление.
- Очень важно принимать точку зрения общности участников, так, чтобы, помимо многообразия и богатства красок, каждый участник испытывал уважение к товарищам, которые сидят рядом с ним, и к их мнениям.
- Мы чувствуем необходимость в том, чтобы понимать значение собранной нами новой информации и определять ее связь с уже имеющимися данными, воззрениями и планами. То, что мы воспринимаем без аналитической обработки со своей стороны (подобно устному обучению детей), быстро забывается и не оказывает влияния на наше поведение. Вот почему так важно дать возможность кругу сразу же обдумать происшедшее.
- После эмоциональных переживаний, испытанных в кругу, возможность изменить себя и свои отношения с ближними уже не кажется нам научной фантастикой. Очень важно делиться подобными заключениями с товарищами в кругу.
- Обмен впечатлениями помогает нам побуждать друг друга к продолжению совместной плодотворной работы, базирующейся на новых ценностях, таких как равенство, сотрудничество и желание прислушиваться к другим.

Валерия Хачатурян,
Михаэль Санилевич

ЧЕЛОВЕК В МЕНЯЮЩЕМСЯ МИРЕ
образовательный курс

Редакторы Е. Добровольская, Т. Сандлер, Е. Устимова.
Корректор Л. Дешко.
Дизайн обложки А. Мохин.
Компьютерная верстка Е. Ивлева, С. Добродуб.
Технический директор М. Бруштейн.

Общественное движение АРВУТ (Взаимное поручительство)
www.arvut.org/ru
при поддержке Открытого телеканала
www.opentv.tv

www.ingramcontent.com/pod-product-compliance
Lightning Source LLC
LaVergne TN
LVHW010214070526
838199LV00062B/4584